KB009808

솔직하게, 상처 주지 않게

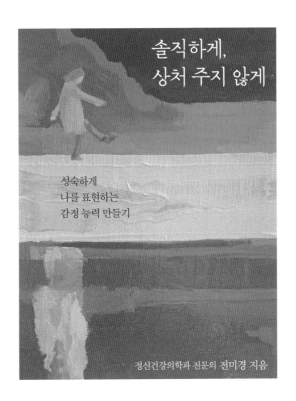

솔직하게,
상처 주지 않게

성숙하게
나를 표현하는
감정 능력 만들기

정신건강의학과 전문의 전미경 지음

지와인

이 세상에 태어나게 해주시고 키워주시고 사랑해주신
나의 아버지께 이 책을 바칩니다.

마음, 생각, 행동이 일치된 삶을 위해

사람이 태어나 가장 먼저 겪는 인간관계는 부모와의 관계입니다. 고대에는 부모에게서 사냥하는 법, 불을 피우는 법, 먹을 수 있는 열매와 독버섯을 구별하는 법 등 생존에 필요한 삶의 기술들을 배웠을 것입니다. 지금도 우리는 부모에게서 여러 가지 삶의 방식을 배웁니다. 저 또한 그랬습니다.

제가 전문의가 되었을 때의 일입니다. 아버지가 동네에 계신 한 분을 제게 부탁하셨습니다. 알코올 중독으로 온 동네의 골칫덩어리인 사람이었습니다. 그분은 입원하자마자 병원을 들었다 났다 했습니다. 투약 거부는 기본이고, 담배를 요구하는 등 병원의 규칙을 무시했습니다. 본인보다 지적 능력이 떨어지는 환자에게 사적인 심부름을 시키기도 했습니다. 저를 포함한 직원 모두가 힘들었고, 그 환자는 한 달을 겨우 채운 뒤에 퇴원했습니다.

어느 주말, 가족들이 모두 모인 자리에 갑자기 전화가 걸려 왔습니다. 통화를 하던 아버지가 정색하더니 이렇게 말씀하셨습니다. "지금 당장 내 눈앞으로 오시게나. 자네 부모님 인생이 불쌍해서 내 딸이 일하는 병원에서 치료받고 새 사람이 되라고 한 건데 그게 그렇게 억울했나? 뭐가 그리 억울하고 분한지 전화로 말하지 말고 나를 직접 보고 말을 하시게."

가끔 강제 입원을 당한 환자들이 협박하는 경우도 있는지라, 혹 그분이 아버지께 어떤 위협이라도 가하면 어떡할까 걱정이 되었습니다. 그러나 아버지는 어떤 상황에서도 의연하고 당당하셨습니다.

올해 아버지는 건강 검진을 받으셨습니다. 내시경을 하던 중 큰 병원으로 가야 한다는 소견을 들었습니다. 결과는 좋지 않았습니다. 위암이 많이 진행된 상태라 당장 수술을 해야 하는 상황이었습니다. 눈으로 보이는 전이 소견은 없다는 담당 교수님 말씀에 가족들은 희망을 가졌습니다. 그러나 이상하게 수술 시간이 길어졌습니다. 오전 8시 30분에 시작한 수술이 오후 4시가 되어서야 끝났습니다. 주변 림프절과 복막에 암세포가 전이되었다는 청천벽력 같은 소식이었습니다. 그래서 수술이 길어진 것이었지요.

기약 없는 항암 치료를 받아야 하며 여생을 장담할 수 없는 상황이었습니다. 아버지는 이 모든 사실을 역시나 의연하게 받아들이십니다. "살 만큼 살았는데 괜히 배를 갈라서 고생을 하네. 이리 아플 줄 알았으면 수술 안 할 걸 그랬다"라며 농담 아닌 농담을 하셨습니다. 어머니에게는 "내가 얼른 치료 잘 받고 갈 테니 애들 말 잘 듣고 있어"라며 신신당부를 하셨습니다. 십여 년 전, 어머니는 뇌출혈로 한쪽 팔과 다리가 불편해진 것은 물론, 지능 지수도 떨어지고 고집도 세지셨습니다. 이런 어머니를 달래고 보살피는 일을 아버지 혼자 감당해오셨는데, 이제 자식들이 그 몫을 해야 하는 것이지요.

아버지는 "자식들은 다들 제 몫을 하고 사니 여한은 없다. 다만 내가 죽으면 엄마가 불쌍해지니 항암 치료는 한번 받아보련다" 하시며 열심히 투병 중이십니다. 그 와중에도 혼자 남을 어머니에게 이리저리 살림을 가르치시는 데 여념이 없습니다.

저는 새삼 아버지를 보면서 의문이 들었습니다. 살아가는 동안 수없이 힘든 일이 닥쳤을 텐데, 어떻게 자신을 잘 추스를 수 있었을까. 자신의 불안, 화, 분노를 다스리는 것을 넘어 가족에게 긍정적인 감정을 나눠주고, 심지어 동네 사람들에게도 좋은 영향을 미칠 수 있었던 이유가 무엇일까.

아버지는 사회적 지위도, 큰 재산도 없는 분이지만 세상에 중요한 인간적 가치가 있음을 자식들에게 알려주셨습니다. 어떤 상황에서도 자신을 움직이게 하고 주변을 행복하게 만드는 아버지의 능력에 대해서 궁금해졌습니다. 왜 아버지는 늘 당당하시지? 어떻게 만사 행복하실 수 있지? 당신보다 주변 사람을 챙기면서도 어쩜 저리 좋아하시지? 왜 저리 죽음에 초연하시지? 그런 생각을 이 책을 쓰는 내내 했습니다.

이 책은 감정에 대한 이야기입니다. 저는 인간이 감정과 이성과 행동의 일치를 이루는 삶을 살 때 행복할 수 있다고 생각합니다. 이 세 가지 중에 감정이 먼저 나타납니다. 불안한 느낌, 분노의 느낌, 유쾌한 느낌, 행복한 느낌으로서 감정이 우선 드러나지요.

그 뒤에 그 감정의 이유를 찾기 위해 이성이 등장합니다. 무엇인가가 불확실하구나, 나의 생각이 거부당했구나, 내가 존중받고 있구나, 내가 누군가를 사랑하는구나… 이런 이유를 생각하게 됩니다.

결론은 행동입니다. 어떤 행동을 선택하느냐는 같은 감정, 같은 생각을 했다 하더라도 다를 수 있습니다. 그 자리를 피하거나, 대차게 항의하거나, 끌어안고 감사의 인사를 할 수도 있겠죠. 이 일은 통합적으로 이루어져야 하고, 감정-이성-행동으로 이어지는 과정이 스스로 흔쾌해야 합니다. 그게 바로 일치된 삶입니다.

이 세 가지 과정 중에서 시발점이 되는 감정의 단계가 가장 중요합니다. 첫 단추를 바로 채워야 옷을 제대로 입을 수 있듯이, 감정의 단계가 그렇습니다. 오해하거나 휘둘리지 않고, 나를 오롯이 바라볼 수 있어야 합니다.

우리는 하루에도 수없이 많은 감정의 파도들을 마주합니다. 가만히 있어도 수시로 찰싹거립니다. 큰 파도도 삶의 균형을 위한 적절한 리듬이 될 수 있고, 반대로 작은 파도여도 나의 자존감을 훼손시키는 일이 될 수도 있습니다. 인간은 이성의 동물이 아니라, 감정의 동물입니다. 이 사실을 인정하는 이들만이 감정, 이성, 행동이 일치된 삶을 꾸려나갈 수 있습니다. 이 책이 말하는 것은 결국 인간이 살아가는 동안 익혀야 할, 나다운 삶을 위한 대처법이라고 할 수 있습니다.

저는 이 모든 것이 일치하는 아버지의 삶을 보면서, 삶의 평온을 얻는다는 것에 대해 다시금 생각했습니다. 신학자 라인홀드 니부어의 「평온을 비는 기도문」 중에 이런 대목이 있습니다.

> 제가 변화시킬 수 없는 것은 그것을 받아들일 수 있는 평화로운 마음을 주시고, 제가 변화시킬 수 있는 일을 위해서는 그것에 도전하는 용기를 주시며, 또한 이 둘을 구분할 수 있는 지혜를 주옵소서.

제가 아버지에게 배운 것이 바로 이런 지혜가 아닌가 싶습니다. 아버지가 저에게 주신 당당하고 행복하고 기쁜 삶을 만드는 힘이 이 책에 조금이라도 담기기를 바랍니다.

2020년 가을
전미경

어떤 날은 내가 좀 성숙한 사람이 된 것 같은데, 다음 날 감정의 회오리에
휩쓸려 일을 망친다. 왜 그런 걸까. 감정은 단순히 기분 문제가 아니라, 나
의 정체성과 관련이 있다.

아무리 나를 괴롭히는 사람이 있다고 해도 내가 부정적으로 느끼지 않으면
아무 일이 없을 수도 있다. 생각이 다르다는 그 자체로 스트레스를 받지는
않는다. 무엇이 상처를 주는 걸까.

성숙함의 기본은 '자신을 그대로 받아들인다'는 것이다. 우리가 존경하는
이들을 보면 그들은 기본적으로 자신의 감정에 솔직하다. 어떻게 하면 내
감정에 솔직할 수 있을까.

살다 보면 배우처럼 연기를 할 때가 있다. 이건 가식적인 게 아닐까? 진실하지 않은 게 아닐까? 기분도 연기가 필요한 이유가 뭘까.

시도 때도 없이 올라오는 옅은 외로움이 있다. 사람들과 같이 있다가도 문득 무기력해진다. 나에게 어떤 문제가 있는 걸까.

남들은 그냥 넘어가는 일에 나는 툭하면 눈물이 터진다. 감수성이 풍부한 건 좋은데 남들이 이상하게 보지 않을까? 감수성이 풍부한 것과 감정 능력을 기르는 건 다른 문제다.

왜 세상에서 제일 다루기 어려운 건
나 자신일까

정체성으로서의 감정 이해하기

내가 나를 어떻게 할 수 없어서 발생한 문제들을 들여다보면
대부분 감정과 기분에 관한 것. 왜 그럴까.
감정은 나의 정체성과 관련이 있기 때문이다.

우리 시대의 가장 위대한 발견은 인간은 마음가짐을
바꿈으로써 인생을 바꿀 수 있다는 것이다.
_윌리엄 제임스

　　　　　　　　　세상에서 제일 다루기 어려운
게 '나 자신'이라는 생각을 한 적이 있을 것입니다. 짜증을 내
기 싫은데 짜증이 나고, 화를 내고 싶지 않은데 화를 낸 적도
있을 것이고요. 너무 신이 난 나머지 말과 행동을 과하게 한
적도 있을 것입니다. 잘 나가다가 한번 욱하는 바람에 일을 망
칩니다. 밤이 되면 이불을 걷어차며 '아, 그때 내가 왜 그랬을
까?'라고 생각합니다.

　그렇게 '내가 나를 어떻게 할 수 없어서' 발생한 문제들을
자세히 들여다보면 대부분 감정에 관한 것입니다. 이렇듯 매
사에 일희일비하고, 신경을 쓰느니 차라리 제멋대로 사는 게
낫겠다는 생각마저 듭니다. 마음대로 행동하는 사람들이 부럽
기도 합니다.

감정이 왜 이토록 중요할까요. 감정은 자신의 정체성과 관련이 깊기 때문입니다. 인간의 정체성은 감정을 통해 만들어집니다. 동물도 감정이 있습니다. 『코끼리가 울고 있을 때』라는 책에는 상아 사냥꾼에게 어미를 잃은 새끼 코끼리들의 이야기가 나옵니다. 일명 '코끼리 고아원'에서 사는 새끼 코끼리들은 밤마다 비명을 지르며 운다고 합니다. 어미가 사냥꾼에게 학살당하는 장면을 목격한 탓에 악몽을 꾸는 것입니다. 정말 가슴 아픈 이야기이지요. 지금은 동물들에게도 꽤 복잡한 감정이 있다는 것을 받아들이는 분위기이지만, 몇십 년 전만 해도 사람들은 동물이 아주 낮은 수준의 감정만 가지고 있다고 여겼습니다.

동물에게도 풍부한 감정이 있지만, 감정이 정체성을 규정하는 데 결정적인 역할을 하는 종은 인간이 유일할 것입니다. 인간의 정서는 정서 그 자체로 있지 않고 어떤 생각과 연결되어 특정한 세계관을 만들어냅니다. 특히 부정 정서는 부정적인 세계관을 만들게 되고, 그렇게 만들어진 세계관은 인생에 큰 영향을 미칩니다. 이상하게도 긍정 정서로 만들어진 긍정 세계관보다 그 힘이 더 막강하지요. 이렇게 감정에 기반하여 만들어진 자아 정체성은 자석처럼 강력한 관성을 가지고 있어서 그 사람의 삶 전체를 지배하게 됩니다.

게다가 우리는 살아가는 동안 계속해서 정체성의 변화를 겪습니다. 학생에서 직장인이 됩니다. 이 사람과 연애하다 또 다른 사람과 연애합니다. 정체성이 변하는 과정에서 크든 작든 여러 가지 문제를 맞닥뜨립니다. 그러면서 온갖 감정을 계속해서 배우게 됩니다. 어른이 될수록 감정이 단순해지는 게 아니라, 오히려 복잡 미묘해집니다.

때문에 감정 능력을 키우는 일이 생각보다 쉽지 않습니다. 어떤 날은 내가 좀 성숙한 사람이 된 것 같은데, 바로 다음 날 감정의 회오리에 휩쓸려 일을 망칩니다. 잘 모르는 사람에게는 친절하게 대하는데, 몇십 년을 보아온 가족에게는 쉽게 화를 냅니다. 남들과 다른 포인트에서 갑자기 감정이 올라오기도 합니다.

"저는 이상하게 화가 날 때가 있어요. 누군가에게 특혜를 준다든지 불공평하다는 생각이 들 때 그래요. 요새 일이 별로 없는데 상사가 유독 자기가 예뻐하는 B에게만 일을 줘요. 그럴 때는 화가 치밀어요. B가 상사와 오랫동안 손발을 맞추어온 사람이라서 그렇게 한다는 걸 머리로는 이해하지만 화를 감추기가 어려워요. 얼마 전에는 코로나 사태 때문에 전 직원에게 주는 상여금이 안 나왔어요. 다른 사람들은 월

급이 줄었다고 힘들어하지만, 저는 이렇게 전부 다 같이 겪는 일은 하나도 안 힘들어요."

여러분도 이분 같은 상황을 겪을 때가 있지 않나요. 다른 일에는 대범하면서, 유난히 주체할 수 없는 '나만의 일'이 있습니다. 머리로는 B에게 일을 주는 타당한 이유가 있다고 생각해도, 한번 이런 감정이 생겨나면 어쩔 수가 없습니다. 이렇게 생겨난 감정이 또 다른 문제로 번지기도 합니다. 같은 일 앞에서 나만큼 화내지 않는 이들에게 섭섭해지는 것입니다. 다른 사람에게까지 섭섭한 마음이 드는 이유를 논리적으로 설명하기가 매우 어렵습니다.

감정은 정체성과 관련이 있고, 나의 가치관도 반영합니다. 가치관은 오랜 시간에 걸쳐 축적된 것이라서 쉽게 바뀌지 않을 뿐만 아니라, 매우 복잡한 구조를 가지고 있습니다. 앞에서 사례로 든 분은 형평성과 같은 가치를 적극적으로 추구하는 사람입니다. 그래서 본인이 불공평한 일을 당했다는 생각이 들면 갑자기 울분이 터지고, 과거에 겪었던 일과 관련된 감정까지 올라와서 감정의 농도가 진해집니다. 이분에 비해 형평성이라는 가치관을 덜 추구하는 사람이라면, 이러한 상황을 전혀 이해하지 못하겠지요.

이처럼 감정이 인간의 고유한 정체성, 가치관과 밀접한 관계가 있기에, 감정을 표현하는 방식을 통해 한 사람을 파악할 수 있습니다. 혹 스누핑(snooping)이라는 말을 들어보셨는지요? 사전적 의미는 '기웃거리다, 염탐하다'이지만, 사물을 통해 심리적 자취를 분석하는 능력을 뜻하기도 합니다. 셜록 홈즈와 같은 탐정이 하는 일을 생각하면 됩니다. 방 안의 물건, 가방 속 소지품 등을 관찰하여 그 사람의 성격이나 생활방식을 읽는 것입니다. 사람들은 소지품에 자기정체성, 감정, 행동양식의 흔적을 남기기 때문이지요. 우리가 누군가의 SNS 글이나 즐겨 듣는 음악 리스트 등을 보면서 그 사람에 대해 많은 것을 유추하는 것도 일종의 스누핑이라고 할 수 있습니다.

감정은 '스누핑'하기에 아주 좋은 도구입니다. 누가 무슨 일에 어떤 감정을 보여주느냐, 같은 일에 이 사람과 저 사람의 감정이 어떤 차이를 보이느냐를 통해 우리는 타인을 좀 더 깊게 이해할 수 있습니다. 겉으로 드러나는 것만이 아닌, 속에 감추고 있는 감정까지 찾아내게 된다면 그 사람을 더욱 정확하게 읽을 수 있겠지요.

인간이 인정받고 싶은 건 결국 무엇인가

우리가 얼마나 감정의 지배를 받는지는 타인과의 관계에서 더욱 적나라하게 드러납니다. 종교를 예로 들어볼까요? 신앙심이 깊은 이들은 좋은 일도 나쁜 일도 모두 신의 뜻이라고 말합니다. 그러나 종교가 없는 이들의 눈에는 이런 입장이 도저히 이해가 안 됩니다. 좋은 일은 내가 잘해서 한 일이고, 나쁜 일은 누군가 나에게 잘못해서 벌어진 일인데, 이 모든 것을 신의 뜻으로 받아들이라니요. 그래서 유신론자와 무신론자는 다투게 되고, 논쟁을 할 때마다 평행선을 걷습니다.

그런데 다투는 양상을 가만히 살펴보면 생각의 다름보다 내가 평소에 상대방에게 품고 있었던 감정이 더 큰 영향을 미칩니다. 내가 기본적으로 그 사람에게 좋은 감정을 가지고 있다면 '아, 저 사람은 신앙의 힘으로 자신의 어려움을 이겨내는구나'라고 이해하고 넘어갈 수도 있습니다. 그러나 평소에 그 사람을 싫어했다면 '저런 비이성적인 태도 때문에 문제가 있어도 고치지 않고 그냥 넘어가는 거야'라고 생각합니다.

이처럼 사람 사이의 갈등을 들여다보면, 생각이 달라서가 아니라 사실은 감정적 문제인 경우가 더 많습니다. 즉, 감정이 먼저이고 생각이 나중입니다. 극심한 분노에 휩싸이면 상대가 나쁜 사람이라는 결론을 내리고 그 결론에 맞는 증거만 찾습니다. 슬픔에 가득 차 있을 때는, 상대가 나에게 상처를 주고 있다는 근거만 계속 떠오릅니다.

이런 감정의 힘을 잘 알고 활용하는 사람도 있습니다. 이들은 특히 부정적인 정서를 잘 이용합니다. 특정한 지향을 가진 커뮤니티, 종교 집단 등을 보면 '불안'을 조장합니다. 불안이라는 감정을 미끼로 지지자들을 모읍니다. 혐오감을 부추겨 적을 만들고 내부의 결속을 다지기도 합니다. 다만 우리에게 필요한 것은 이런 감정에 마구 휘말리지 않고 적절히 대응하는 능력입니다.

감정 능력은 인간의 욕구와 관련이 깊습니다. 심리학자 매슬로는 인간의 욕구를 다섯 단계로 분류했습니다. 생리적 욕구 〈 안전의 욕구 〈 애정과 소속의 욕구 〈 존중의 욕구 〈 자아실현의 욕구 순으로 그 위계를 나누었지요. 여기서도 알 수 있듯이 인간의 욕구는 상위 단계로 갈수록 감정의 문제와 밀접하게 연결되어 있습니다.

애정과 소속의 욕구, 존중의 욕구는 모두 외부 세계와의 관계를 통해 어떤 감정을 만족하는 것입니다. 이 설명이 조금 어려울 수 있지요. 쉽게 말해 나는 사랑받고 싶다. 나는 존중받고 싶다. 나는 가치 있는 사람이다. 이런 욕구에 대한 만족은 남으로부터 온다는 것입니다. 때문에 인간관계가 없는 사람, 타인과의 소통이 적은 사람은 애정, 소속, 존중의 욕구를 충족하기 어렵습니다.

그런 점에서 소통의 핵심도 바로 감정입니다. 여기서 외로움의 개념이 나옵니다. 우리가 외롭다고 느끼는 건 홀로 있다는 사실 자체보다는 소통이 충분하지 않다는 느낌 때문입니다. 그러니 많은 사람들과 관계를 맺는 것보다 나와 감정을 잘 다루고, 남의 감정을 잘 이해하는 것이 정말 중요합니다.

그러나 이제까지 우리는 감정의 문제를 '부정적인 느낌으로부터 벗어나기' 차원에서만 이해한 측면이 큽니다. 이래서는 우리 인생에서 매우 중요한 문제를 애써 외면하고 모른 척하는 꼴이 되겠지요.

혹은 감정을 다루는 일을 '나 자신의 감정을 누르고 조절하는 일'로만 생각합니다. 감정은 세상과의 소통 도구라고 했습니다. 그렇다면 감정을 다룬다는 것은 내 감정을 조절하는 차원부터, 감정을 통해 남과 잘 소통하는 법까지 배운다는 뜻입니다. 이것이 바로 감정 능력을 키우는 일입니다.

감정 조절과 감정 능력은 무엇이 다를까요. 감정 조절이라고 말하면 마치 내가 수동적이고 방어적인 위치에 있는 것 같습니다. 그러나 감정 능력이라고 말하면 내가 능동적이고 적극적인 위치에 있는 느낌입니다. 자신이 수동적이거나 남에게 휘둘리고 있다고 생각될 때, 사람은 더 공격적으로 변하기 쉽습니다. 별것 아닌 일에 과잉 반응을 하기도 합니다. 따라서 우리는 살아가면서 겪는 복잡한 감정의 문제에 능동적이고 긍정적인 태도로 접근할 필요가 있습니다.

말을 잘하거나, 사람들과 잘 공감하거나, 두루두루 좋은 관계를 맺는 능력의 바탕이 되는 것도 바로 감정 능력입니다.

느낌, 기분, 감정, 나는 어떤 상태에 있을까

감정 능력을 가져야 한다고 말하면 이런 궁금증이 들 겁니다. '도대체 감정이라는 게 뭐지?' 정서, 감정, 기분 등의 단어들은 얼핏 비슷하게 들립니다. 엄밀하게 말하면 이것들을 완전히 구분할 수는 없습니다. 그럼 정신의학에서는 각각의 개념을 어떻게 이해할까요?

1. 감정(emotion)은 내적, 외적 사건에 의한 비교적 짧은 기간에 일어나는 신체적, 심리적 반응을 말합니다. 즉 분노, 슬픔, 두려움, 기쁨, 사랑 등을 이릅니다.

2. 기분(mood)은 비교적 긴 기간 동안 지속되는 주관적 느낌의 흐름을 말합니다. 특별한 이유 없이 생기기도 하며, 즐거움, 불쾌감, 우울함 등을 말합니다.

3. 정동(情動, affect)은 남들에게 관찰되는 감정 표현을 말합니다. 이 정동은 실제로 갖고 있는 감정과 밖으로 표현하는

감정 사이에 차이가 있다는 것을 드러냅니다.

정신의학에서 주로 다루는 것은 감정(emotion)보다는 환자의 기분(mood)과 정동(affect)에 속하는 문제들입니다. 우울증이나 공황장애 등과 같은 문제는 장기간 지속되는 증상이므로 '기분장애(mood disorder)'라는 말로 표현합니다.

정동(情動)이라는 말은 좀 어렵지요. 이게 무슨 뜻인지 예를 들어 살펴봅시다. 어떤 사람이 사랑하는 어머니를 잃었습니다. 정말 슬픈 일입니다. 그런데 남들이 볼 때 그 사람이 조금도 슬퍼하지 않는 것처럼 보일 수 있습니다. 그 사람이 내면에 가지고 있는 감정과 밖으로 보이는 정동이 다르게 나타나고 있는 겁니다. 이런 경우를 불충분한(inadequate) 정동이라고 표현합니다.

너무 슬픈데 겉으로는 웃는 경우도 있습니다. 그 사람은 슬픈 감정을 가지고 있지만 웃는 것으로 관찰되어 정동은 '웃고 있다'로 인식됩니다. 그 사람의 주관적 감정과 일치하지 않는 것이지요. 이런 경우에는 '부적절한(inappropriate) 정동'이라는 말을 씁니다.

그럼 정서는 뭘까요? 정서는 감정과 같은 말입니다. 영어로는 모두 이모션(emotion)이라고 옮깁니다. 이 책에서는 정서와 감정을 동일한 의미로 사용하겠습니다. 정서, 감정과 관련된 또 다른 단어는 뭐가 있을까요? 느낌(feeling)이라는 말도 있지요. 우리는 느낌이라는 말을 평상시에 자주 쓰지만, 심리학이나 정신건강의학에서 다루는 용어는 아닙니다.

이렇게 감정을 지칭하는 여러 개념 중에서 보편적으로 많이 쓰이는 것은 이모션(emotion, 정서, 감정)과 무드(mood, 기분)입니다. 하나는 즉각적인 것이고, 하나는 지속적인 것이라고 이해하면 됩니다.

그렇다면 이런 다양한 종류의 감정을 우리는 어떻게 다루어야 할까요? 누군가에게는 오래 가는 기분을 누군가는 툭툭 털고 일어납니다. 그래서 사람들은 감정의 문제를 쉽게 생각합니다. '화가 났던 일이 해결되면 화도 사라지는 거 아냐?' 하지만 일은 해결되어도 감정은 남습니다. 인간이 그렇게 감정을 잘 다루었다면 정신의학이나 심리학이 이토록 중요한 학문이 되지 않았을 것입니다.

감정적 문제를 해결하기 위한 방법에는 여러 가지가 있습니다. 가장 먼저 꼽을 수 있는 건 우리의 이성적 능력을 사용하는 것입니다. 보통 사람들이 많이 선택하는 방법이지요. 이성적 능력을 사용해서 감정문제를 해결하려는 상황을 한번 살펴볼까요?

직장을 같이 다니는 동료 A가 있습니다. A는 일하는 과정에서 다른 동료와 다투었습니다. 그러고는 엄청난 분노로 가득 차서 나에게 상담하러 옵니다. 나는 A를 돕고 싶습니다. 그 분노를 푸는 데 도움이 되고 싶습니다. 최대한 이성적이고 객관적으로 그 다툼에 대해 이해하려고 대화를 나눕니다. 그런 이성적 대화를 통해서 동료가 마음을 풀면 다행입니다. "네 말이 맞아. 그렇게까지 화낼 일은 아니었네. 내가 먼저 사과해야겠어." 이렇게 결론이 나면 행복하겠지요.

그런데 그 동료가 머리로는 이해한다면서 이미 했던 이야기를 계속 반복합니다. 화를 가라앉히는 것 같다가 또 화를 내고, 설득하면 화를 가라앉혔다가 다시 화를 냅니다. 도돌이표도 이런 도돌이표가 없습니다. 이제 나도 슬슬 짜증이 납니다. '아니, 내가 왜 이 이야기를 들어줘야 하는 거야?' 이런 생각이 듭니다. 그래서 나도 화를 냅니다. "내가 잘못한 것도 아닌데 왜 나한테 화를 내!" 하고 소리를 지릅니다. 왜 이런 일이 벌어지는 걸까요?

슬기로운 감정 능력을 가진 사람들

이런 난감한 일을 슬기롭게 해결하는 이들이 있습니다. 감정 능력이 좋은 사람들입니다. 자신의 감정을 잘 지키면서, 상대의 감정도 잘 다독이지요. 그런 사람들이 어떤 말을 사용하는지 살펴보면 참 재미있습니다.

"화난 이유가 진짜 그거야?"

"내가 같이 화내줄까?"

"너는 그 문제를 잘 해결할 수 있는 사람이야."

이런 말들은 상대방으로 하여금 자신을 객관화하게 하고, 겉으로 보이는 것이 아닌, 속에 있는 감정을 깨닫게 합니다. 그리고 상대방이 스스로 문제를 해결할 수 있다는 것을 알려주는 동시에, 상대방의 감정에 전염되거나 끌려가지 않습니다. 이런 능력은 타고날 수도 있고, 노력하고 배우면서 쌓아갈 수도 있습니다. 노력하며 배우는 대표적인 경우가 바로 저 같은 정신건강의학과 전문의일 것입니다.

저를 찾아오는 환자들을 보면 불면증이나 공황장애 같은 병리적인 문제로 오는 이들도 있지만, 부정적인 감정 문제를 호소하는 분들이 더 많습니다. 시어머니 때문에 힘들다면서 한 시간이 넘도록 하소연을 하고 화만 내다 가는 분이 있습니다. 그러면 기분이 좀 풀려야 할 텐데, 다음 주에 와서 또 똑같이 화를 냅니다. 심지어 더 감정이 증폭된 상태로 옵니다. "주변에 이야기하다 보니까 내가 겪은 일이 정말 말도 안 되더라고요. 더는 참을 수가 없어요." 이렇게 되는 것이지요.

저는 그럴 때 어떻게 해야 할까요? 맞장구를 쳐야 할까요? 아니면 냉정하게 사태를 보라고 조언해야 할까요? 또 저는 어떻게 제 멘탈을 관리해야 할까요? '내가 이런 말도 안 되는 하소연을 들어주려고 이토록 많은 시간을 보내야 하는 거야?' 이런 생각이 들지 않을까요? 물론 어떤 정신건강의학과 전문의도 이렇게 생각하지는 않을 것입니다. 그런 문제를 해결해주기 위해 존재하는 사람이니까요.

저는 수많은 정신의학 이론과 심리학 이론들을 통해 배웠습니다. 이런 문제를 해결하기 위해서는 어떻게 접근해야 하는지, 어떤 방법을 써야 하는지, 또 잘못하면 어떤 부작용이 있는지를 말입니다. 저는 정신건강의학과 전문의이기 이전에 이런 배움을 통해서 나의 '감정 능력'을 키워온 사람 중 한 명이라고 할 수 있습니다.

그리고 사는 동안 저보다 훨씬 감정 능력이 좋은 이들을 보면서 배운 점도 많습니다. 책으로부터 배웠든, 사람으로부터 배웠든, 저의 감정 능력은 확실히 후천적으로 만들어진 것 같습니다. 그러니 '나는 원래 성질머리가 이래서 어쩔 수 없어'라고 체념하지 마세요. 사람은 얼마든지 변할 수 있습니다.

무엇보다 이제 감정 능력이 낮으면 살아가기 힘든 세상이 되었습니다. 오늘날 점점 더 감정과 관련된 문제들이 중요해지고 있습니다. 기업에서 사과문을 잘못 올렸다가 사람들로부터 엄청난 분노를 사는 경우를 종종 봅니다. 직장에서도 상사와 부하 직원 사이에 일어나는 갈등을 보면 대부분 이 감정의 문제를 풀지 못해서 발생한 것입니다.

사람을 안 만나면 감정 문제가 안 생길까요? 그렇지 않습니다. 차라리 얼굴을 보고 있었다면 표정, 몸짓, 분위기 등으로 인해 해결되었을 오해가, 말이나 글로 소통하면서 더 커질 때가 많습니다. 그래서 더 감정 능력이 중요합니다. '이렇게 말하면, 저렇게 글을 쓰면, 보는 사람이 어떻게 느낄까?' 이것을 충분히 예감할 수 있어야 합니다. 누가 그런 말을 하더군요. 화가 났을 때 이메일을 쓰지 말라고요. 감정이 증폭되어 있을 때 글을 쓰면 일을 그르칠 가능성이 많다는 겁니다. 표정은 바꿀 수 있지만, 글은 한번 쓰면 되돌리기 어렵습니다.

감정 능력이 중요해진 또 하나의 이유는 오롯이 한 개인으로 존중받기를 바라는 우리의 욕망이 커졌기 때문입니다. 과거에는 사회적 역할이 중요했습니다. 예를 들어 학생은 선생님 앞에서 감정을 잘 드러내지 않았습니다. 나이가 어린 사람은 나이가 많은 사람 앞에서 자신의 감정을 숨겨야 한다고 생각했습니다. 그러나 오늘날은 다릅니다. 가족, 친구, 동료이기 이전에 인간으로서 상대와 동등하게 소통하기를 원합니다. 자신의 감정을 솔직하게 드러내기를 원하고, 이것이 억압될 때 더 많은 스트레스를 받는다는 뜻입니다.

때문에 부정적인 감정을 없애는 수준의 감정 조절이 아니라, 남에게 나를 잘 이해시키고, 내가 남을 잘 이해하기 위한 감정 능력을 갖추어야 합니다. 결국 감정 능력이란 내가 주도적으로 세상과 상호 작용하는 것입니다. 세상이 시키는 대로, 남이 하라는 대로 자신의 감정을 조절하는 게 아니라, 내가 원하는 것을 얻고, 나의 주장을 상대에게 효과적으로 전달하기 위해서 감정을 적극적으로 다루는 일입니다. 그러기 위해서는 인간의 감정이 가지고 있는 속성 자체를 이해해야 합니다.

궁극적으로 감정을 다룬다는 건 '나 자신에 대한 자신감'을 키우는 일입니다. 모욕감을 느꼈다면 그 감정을 계속 곱씹으면서 불쾌한 감정을 점점 키우는 게 아니라, 그 모욕감이 준 힌트를 바탕으로 나를 더 성장시키는 방법을 찾아야 합니다. 그 첫 번째 단계로 '정체성으로서의 감정 이해하기'부터 시작해보았습니다. 이를 포함하여 14가지 감정 역량을 키우는 법을 살펴보겠습니다.

생각이 다르다고
마음까지 다치는 이유는

상황과 기분 분리하기

우리는 상대와 생각이 달라서 상처를 받는다고 생각한다.
그러나 생각이 달라도 부정적 감정을 느끼지 않는다면
문제가 되지 않는다.

만약 울어야 한다면 어린아이처럼 울어라. 너는 자유로운 존재임을, 감정을 드러내는 것은 부끄러운 일이 아님을 잊지 마라.

_ 파울로 코엘료

친한 친구가 세 명 있습니다. 세 사람은 항상 붙어 다녔습니다. 그런데 어느 날 두 친구만 자전거를 타러 갔습니다. 남은 한 명인 '나'는 그 사실을 알게 되었고, 두 친구 중 한 명에게 전화를 걸어 이렇게 물었습니다.

"너희 둘이 놀러 갔어?"

"응."

전화를 받은 친구는 순순히 그렇다고 합니다. 어쩐지 기분이 나쁩니다. 다시 물어봅니다.

"왜 너희들만 갔어? 나는 왜 안 불렀어?"

"그냥, 어쩌다 보니 그렇게 됐네."

딱히 이유가 없다는 말에 나는 전화를 끊습니다. 그날 너를 부른다는 것을 깜빡했다거나 우리 둘이서 할 이야기가 있었다거나 하는 분명한 이유를 들었다면 나을 것 같습니다. 친구들에게 따돌림을 당한 기분입니다. "네가 섭섭했구나. 미안, 생각을 못 했어"라는 말을 해주길 기대했다는 것이 우스워집니다. 이런 일에 섭섭하다는 티를 내는 것도 이상합니다. 그렇다고 그냥 이해하고 넘어가자니 나만 바보가 된 것 같습니다.

'나는 두 사람과 정말 가깝다고 생각했는데, 그 친구들은 아니었던 걸까? 친구라면 적어도 누구를 섭섭하게 만들면 안 되는 거 아닌가? 잘못된 행동을 한 건 친구들인데, 왜 내가 속상해야 하는 걸까?'

과연 내가 속상할 일이었을까

우리는 살아가는 동안 이런 일을 숱하게 마주합니다. 친구뿐만 아니라 가족들과도, 회사나 동호회에서도 이런 미묘한 상황을 겪습니다.

또 하나의 사례를 살펴봅시다. 회사에서 팀장이 어떤 일을 지시합니다. 내가 생각할 때는 그 일은 A라는 방식으로 처리해야 할 것 같습니다. 그런데 팀장은 B라는 방식으로 처리하라고 합니다. 팀장에게 A 방식으로 해야 하지 않느냐고 말해봅니다. 팀장은 잠깐 생각하더니 아무 설명 없이 "그냥 B 방식으로 해"라고 말합니다. 팀장과 나의 의견이 다를 수도 있는데, 이상하게 무시당했다는 느낌이 듭니다. 스멀스멀 나쁜 감정이 올라옵니다. 도대체 뭐가 문제인 걸까요?

앞선 사례는 모두 상대의 생각과 행동으로 인해 내가 상처를 받은 상황입니다. 여기서 핵심은 내가 부정적으로 느꼈다는 것입니다. 이 과정은 두 단계로 나눌 수 있습니다.

1단계 친구가 어떤 행동을 했다
2단계 나는 섭섭했다

일상에서 이 두 단계는 구분되어 있지 않습니다. 동전의 양면처럼 찰싹 붙어 있습니다. 그런데 이를 분리하는 이들이 있습니다. 1단계를 겪었다고 해도 2단계로 가지 않는 거죠. 친구가 어떤 행동을 했는데 내가 상처받지 않고, 그로 인해 화가 나지 않았다면 그 일은 문제가 되지 않을 겁니다.

이처럼 단계를 나누어 설명한 이유는 이 문제의 핵심이 친구의 잘못된 행동에 있는 게 아니라, 내가 부정적으로 느꼈다는 데 있다는 점을 확연하게 보여주기 위함입니다. 이렇게 하면 그 부정적인 감정의 정체가 무엇인지 파악하기도 쉽습니다. 이를테면 '섭섭하다'는 기분 뒤에는 이런 생각이 숨어 있을 수도 있습니다.

나만 빼놓고 둘이서 자전거를 타러 갔다 → 친구들에게 나는 소중한 사람이 아니었나 보다(평소에도 나만 겉돌았던 것 같다) → 내가 별로인 사람인가 보다(나는 항상 친구 관계가 안 좋다) → 이런 기분을 느끼게 하다니 섭섭하다

행동과 감정을 분리해서 생각하면 내가 어떤 상처를 받았는지, 원래 갖고 있던 욕구가 무엇이었는지, 내가 느낀 기분의 정체가 무엇인지 구체적으로 드러납니다.

부정적 감정은 '상처'로 인해 발생합니다. 우리는 살면서 수없이 많은 상처를 받습니다. 큰 사건을 겪은 경우에는 트라우마(외상, trauma)라는 말을 쓰고 자잘한 일일 경우 상처(wound)라는 말을 씁니다. 상처란 자신(self)에 대해 부정적으로 해석하게 될 때 일어나는 감정이라고 정의할 수 있습니다. 자아가치감(self-worth)이 훼손되고, 궁극적으로는 자존감(self-esteem)에 손상을 입는 경험입니다.

자신이 당사자가 아닌 일에 상처를 받을 때도 있습니다. 부모님이 이혼을 했다거나, 대학원에 진학했는데 조교의 월급을 가로채는 교수의 모습을 봤다거나 하는 부정적인 경험 또한 상처의 원인이 됩니다. 상처는 자신과 타인과 세상에 대한 믿음이 깨지는 경우에도 나타나기 때문입니다.

그러나 일차적으로 상처는 나의 욕구가 깨지는 것과 가장 큰 관련이 있습니다. 간접적인 상처를 받은 경우라고 해도 그 속에는 나의 욕구가 숨어 있습니다. 부모님의 이혼이나 교수

의 부도덕한 행동이 나의 이해득실에는 직접적인 영향을 주지 않을 수 있지만, 사이좋은 부모님 아래에서 크고 싶은 마음, 훌륭한 교수님에게 배우고 싶다는 마음은 나의 직접적인 욕구 중 하나입니다.

즉, 두 친구만 자전거를 타러 간 사건으로 인해 상처를 받았다는 건, 내가 그 친구들로부터 사랑받고, 인정받고 싶은 욕구가 크다는 것을 의미합니다. 그런 욕구가 있었던 만큼 평소 두 친구들에게 잘했을 겁니다. 맛있는 것도 사주고, 재미있는 이야기를 나누고, 그러면서 행복감을 느꼈을 겁니다. 그런데 그런 행복을 느낄 기회가 없어진 것이지요. 만약 이러한 욕구가 두 친구와 상관없이 다른 관계에서 높은 수준으로 충족되고 있었다면 어땠을까요? 의외로 크게 상처받지 않았을 수도 있습니다.

나의 상처는 내가 원하는 것을 알려준다

문제는 이 욕구를 충족하는 기준이 사람마다 다르다는 것입니다. 두 친구가 생각하는 '친밀함의 정도'와 내가 생각하는 '친밀함의 정도'가 다를 수 있다는 것이지요. 같은 친구인데 왜 기준이 다를까요? 아무리 친하다고 해도 우리는 각기 다른 사람이고, 저마다 다른 가치관과 생활방식 등을 가지고 있기 때문입니다.

우리는 이걸 세계관이라고 합니다. 세계관은 사람마다 다르고, 한 사람 안에서도 나이가 들면서 달라지기도 합니다. 세계관은 살아가면서 계속 수정 보완해야 하고, 타인과 나의 세계관이 다르면 통합도 해야 합니다.

제가 대학 1학년 때 일입니다. 겨울방학에 과 동기 30명 전원에게 크리스마스카드를 보냈습니다. 꼬박 이틀 동안 손으로 일일이 만든 카드였습니다. 당시 스무 살인 저의 세계관에서는 우리가 한 학교 동기이고, 그러니 모두 친해야 한다는 가치관이 있었습니다. 그리고 내가 이렇게 호의를 표시하면 30명 모두가 나를 좋아해줄 거라는 욕구와 환상이 있었던 것이지요. 마흔이 넘은 지금이라면 그런 일을 하지 않을 겁니다. '단지 같은 학년이라는 이유로 모두 친해야 한다는 생각은 말이 되지 않는다.' 이렇게 생각이 바뀌었기 때문이지요.

세계관은 어떻게 드러날까요? 첫째, 매우 직관적으로 알 수 있습니다. TV에서 어떤 뉴스를 보면, 즉시 반응이 나옵니다. 사람들과 토론을 해보면 다르게 볼 수 있는 사안인데도 불구하고, '저 사람이 나쁘네' '저쪽이 잘못했네'라는 반응이 나오는 데 1초도 안 걸립니다.

둘째, 당위적인 경우가 많습니다. '선생님이라면 마땅히 이렇게 해야 하는 거 아냐?' '사랑한다면 이렇게 해줘야 하는 거 아냐?'라는 식입니다. '~해야 한다(should, must)'로 표현됩니다. 이처럼 나의 세계관으로 인해 무엇인가를 판단하고 어떤 감정을 느끼는 일은 나에게는 너무 빠르고 당연합니다. 그래서 나와 다른 세계관을 만나게 되고 충돌하면, 그것을 다르다고 인식하는 게 아니라 상대가 잘못했다고 느끼게 됩니다. 이 과정에서 우리는 상처를 받고, 부정적 감정을 느낍니다.

상처를 받으면 처음에는 상대방 탓을 하면서 분노나 섭섭함을 표현합니다. 그런데 이런 부정적인 감정은 결국 자신을 향하게 됩니다. 자기혐오, 자기비하, 죄책감 등이 일어나는 거지요. '내가 좋은 딸이나 아들이었다면 우리 엄마 아빠가 이혼을 안 했을 텐데' '내가 재미있는 사람이었다면 그 두 친구가 나만 빼고 둘이서만 놀러 가지 않았을 텐데' 하는 생각이 듭니다.

그리고 다시 상처받을까 두려워 과도한 경계 태세를 갖추게 됩니다. 불안의 감정이 올라와서 경보등을 과하게 작동시키는 겁니다. 자신을 방어하기 위해 문제를 회피하기도 합니다. 친구들과 마주치지 않으려고 평소와 다른 길로 다니거나, 집에 혼자 틀어박혀 있습니다. 연인과 헤어진 다음에 그 사람과 자주 갔던 카페에 발길을 끊는 것도 일종의 회피라고 할 수 있습니다.

상처가 된 일을 자꾸 곱씹는 경우도 있습니다. 당시 나에게 상처가 되었던 말, 행동, 사건 등을 끊임없이 떠올립니다. 이 것을 반추(反芻, rumination)라고 합니다. '돌이켜보니 그때 팀 장님이 나에게 일을 지시할 때 표정이 너무 무서웠어. 그 표정 이 자꾸 떠올라.' 이런 생각을 계속하는 겁니다.

자신이 가지고 있는 에너지를 이런 일에 쏟아버리면 정작 필요한 곳에는 에너지를 쓰지 못합니다. 다른 친구와 영화를 보러 가거나, 퇴근한 뒤에 취미생활을 하러 가는 등의 일을 벌 일 기운이 없는 거지요.

이게 심해지면 무력감을 느끼게 됩니다. 무력감을 느끼는 환자분들을 보면, 의외로 머릿속은 굉장히 복잡합니다. 자신 의 부정적인 감정을 곱씹느라고 그런 것이지요. 운동을 할 에 너지도, 사람을 만나서 수다를 떨거나 책을 읽을 에너지도 없 습니다. 당연히 일상을 꾸려가기가 어려워집니다. 무기력하다 는 건 부정적인 곳에 정신적 에너지를 쓰느라 힘이 빠진 거지, 아무 이유 없이 기운이 없는 게 아닙니다.

세계관과 세계관이 소통할 수 있게

그러면 어떻게 이 상처로부터 벗어날 수 있을까요? 그리고 다 음에 비슷한 일을 겪어도 덜 상처받을 수 있을까요? 답은 이미 나왔습니다. 내가 가진 세계관을 수정하고, 보완하는 거죠. 나의 세계관이 다른 사람의 세계관과 공존할 수 있어야 합니다. 공존하라는 건 상대에게 맞추라는 게 아니라, 소통하는 방법을 찾으라는 겁니다.

시어머니와 며느리가 왜 싸울까요? 서로의 세계관이 완전히 다르기 때문입니다. 시어머니는 제삿날이면 며느리가 음식 장만을 도와야 한다고 생각합니다. 조상을 모시는 일은 자손의 도리라고 믿기 때문이지요. 집안일은 아무래도 아들보다 며느리가 챙겨야 한다는 생각도 가지고 있습니다. 하지만 요즘 세대는 다르지요. 제사보다는 직장 일이 중요합니다. 며느리만 제사 준비를 돕는 것은 부당한 일이라고 생각합니다. 음식을 만드는 일은 회사를 다니지 않고 집에 계신 시어머니가 하거나 아들과 며느리가 모두 돕는 게 맞다고 생각합니다. 이처럼 사람의 세계관이 다를 때 어떻게 통합할까요.

우선 말을 해야 합니다. '제 생각은 이렇습니다'라고 알려줘야겠지요. "이번 제사에는 회사 일 때문에 못 갈 것 같아요"라고 말하면 됩니다. 말한 대로 행동도 해야 합니다. 못 가는 상황이면 가지 않는 것입니다. 중요한 건 이 과정에서 감정은 분리하는 겁니다. 할 말도 했고, 행동도 했습니다. 그러면 내가 시어머니에게 미안해할 이유도 없지만, 또 미워할 이유도 없습니다. 할 말도 하고 행동도 해놓고 상대를 계속 미워하면,

그 감정은 상대에게 전달이 되고 또 다른 상처를 만듭니다.

제일 안 좋은 경우가 시어머니에게 아무 말도 못 한 채 제사에 참석해서 얼굴을 찌푸리고 있다가 집에 돌아와 남편에게 화를 폭발시키는 것입니다. 제사에 대한 세계관의 차이가 상대방에 대한 미움과 주변 사람들에 대한 원망으로까지 나아가는 것이죠.

일관성 있게 자신의 세계관을 설명하고 행동하면, 상대방도 그 세계관을 받아들이게 됩니다. '며느리는 자기 일이 가장 중요한 사람이구나. 나를 미워하거나 싫어하는 게 아니라, 일이 중요한 거구나.' 이런 걸 느끼게 됩니다.

우리가 상처를 받았다는 것은 기존의 세계관이 깨진다는 것을 말합니다. 세계관이 지나치게 경직되어 절대 안 깨지는 사람도 있습니다. 이런 사람들을 가리켜 일명 '꼰대'라고 합니다. 자녀가 아무리 싫다고 해도, 부하 직원이 아무리 요구를 해도 자신의 세계관을 바꾸지 않습니다. 이 사람들도 상처를 받을까요? 받기도 하겠지만, 자신의 세계관은 안 바꾸면서 타인의 세계관을 바꾸려는 데 더 몰두합니다. 자신의 세계관을 수정하고 보완하는 게 훨씬 중요한데 말입니다.

정신건강의학과 전문의를 찾아오는 사람들은 저마다 자기 내면의 문제 때문에 왔다고 말합니다. 하지만 자세히 듣다 보면 결국 '내 이야기'가 아니라 '남의 이야기'를 하고 있는 경우가 많습니다. 우울하고, 화가 나고, 속이 터지고, 잠을 못 이루는 일들에 대해 들어보면 대개 다른 사람 이야기입니다.

그 문제의 대부분은 부정적 감정과 관련된 것입니다. 극단적으로 표현한다면, 아무리 나를 괴롭히는 사람이 있다고 해도 내가 그로 인해 부정적으로 느끼지 않으면 아무 일이 없습니다. 논쟁을 하거나, 취향이 다르거나, 생각이 다르다는 그 자체로 스트레스를 받지는 않는다는 것입니다.

어떤 누구와도 대화를 잘하는 사람이 있습니다. 생각이 대단히 멋지다거나 말솜씨가 화려해서가 아니라, 감정 능력이 좋은 사람들입니다. 이들은 생각과 감정을 빠르게 분리합니다. 내가 누군가와 생각이 다르다고 해서 그 사람에게 부정적인 감정을 표출할 일이 아니라는 것을 알고 있습니다. 그 바탕 위에서 대화하는 게 습관이 되어 있는 사람인 것이지요.

그리고 자기 욕구의 본질을 잘 아는 사람이기도 합니다. '내가 지금 이 친구들과 놀고 싶구나.' '내가 이 상사로부터 인정받고 싶구나.' 이런 욕구를 잘 파악하고 솔직하게 이를 전달하는 것입니다. "나도 너희랑 같이 자전거 타고 싶었어. 다음에는 같이 가자고 해줘." "A안이 아니라 B안으로 해야 하는 이유를 알고 싶습니다. 그러면 제가 다음에는 더 판단을 잘할 수 있을 것 같아요." 이런 말을 할 수 있게 됩니다.

감정 능력을 키우고 싶다면, 상황과 감정을 빠르게 분리하는 연습을 해보십시오. 그러면 일단 즉각적으로 끓어오르던 감정의 폭이 낮아집니다. 화가 나도 될 만큼만 화를 내게 된다는 것이죠. 그리고 '나를 중심으로' 그 감정 아래에 숨은 욕구 앞에 솔직해지십시오. 부정적인 감정을 키우는 대신 나의 욕구를 해소할 방법을 찾는 데 에너지를 쓰십시오. 이 친구들과 자전거는 못 탔지만 다른 친구와 영화를 볼 수도 있습니다. 회사 일에 도움이 되는 책을 찾기 위해 서점에 갈 수도 있습니다.

이런 노력을 했음에도 불구하고 상황이 더 나빠질 수도 있습니다. 알고 보니 두 친구가 나를 진짜 따돌리려고 했다거나, 상사가 나를 정말 싫어한다는 사실을 발견할 수도 있습니다. 그러면 또 상처를 입겠지요. 그러나 적어도 '내가 뭔가 문제가 있는 사람이 아닐까'라는 자기비하에 시달리지 않을 수 있습니다. 별거 아닌 작은 일을 곱씹으면서 내 에너지를 낭비하지 않아도 되는 것이지요.

보통은 더 좋은 상황으로 나아갑니다. 상대방이 나의 세계관을 이해하게 되기 때문이지요. '저 친구는 친구들에게 똑같이 행동하기를 원하는구나' '이 팀원은 상사와 의견이 일치하는 걸 중요하게 생각하는구나' 이러면서 서로의 행동에 조금씩 변화가 생깁니다. 감정 능력을 가진다는 건 나의 감정과 타인의 감정을 객관적으로 다룸으로써, 나의 행동뿐만이 아니라 상대의 행동도 변화시킬 수 있는 힘을 갖는 것입니다.

내가 정말로 원하는 게 무엇인지
알아채고 싶다면

1차 감정과 2차 감정을 구분하기

정말 겉으로 드러나는 저 감정이 진짜일까?
뭔가 다른 이유가 있는 게 아닐까?
나에게도 너에게도 드러내지 못한 욕망이 있다.

무언가가 당신을 만족시키지 않는다면, 그에 놀라지 마라.
그것은 우리가 삶이라고 부르는 것이기 때문이다.

_ 안나 프로이트

인간이 가진 능력 중에 자기 삶을 자유롭고 오롯하게 살 수 있도록 하는 것을 꼽는다면 '있는 것을 그대로 바라보는 능력'입니다. 안타깝게도 대부분의 사람들은 자신을 둘러싼 상황을 있는 그대로 보지 못하고 자기만의 해석을 곁들입니다. 그러면 오해하게 되고, 잘못된 행동을 하게 되며, 나쁜 결과를 얻습니다. 결국 스스로에게 큰 손해를 남깁니다.

인간관계의 문제도 대개 이런 오해에서 발생하지요. 친구의 하소연을 들어보면 어떤 건 '그게 저리 속상할 일인가'라는 생각이 들기도 합니다. 아무리 생각해도 그렇게 꼬아서 생각할 일이 아닌데 말입니다. 그러나 정작 내가 당사자가 되면 다릅니다. "저 사람이 한 행동은 분명 이런 뜻이야. 그래서 내가 이렇게 화가 난 거야"라고 생각합니다.

물론 화가 난 내 감정은 존중해야 합니다. 그러나 그 감정을 존중한다고 해서 내가 무조건 옳다는 건 아닙니다. 아이가

울 때 이유를 불문하고 어른들이 안아주는 까닭은 일단 마음을 안정시키기 위해서이지, 아이의 잘못이 없다거나 울어도 될 만한 상황임을 인정하는 게 아닌 것처럼 말입니다. 내 기분은 소중합니다. 그러나 상황을 있는 그대로 보는 능력도 필요합니다. 어떻게 하면 이 두 가지가 공존할 수 있을까요?

속마음과 겉마음을 알아차리자

1차 정서와 2차 정서라는 개념이 있습니다. 쉽게 말하면 속에 품고 있는 감정이 1차 정서이고, 겉으로 드러내는 정서가 2차 정서입니다. 이 개념을 갖고 있으면, 우리를 당황스럽게 하는 감정의 문제로부터 훨씬 자유로울 수 있습니다.

1차 정서는 내면의 정서입니다. 2차 정서 속에 숨어 있는 감정입니다. 쉽게 표현되지 않습니다. 왜냐하면 그대로 표현하기에는 위협적일 수도 있기 때문입니다. 가끔 정말 누군가가 너무 미워서 죽이고 싶은 마음이 올라올 때도 있습니다. 그러나 그 마음을 있는 그대로 드러낸다면 어떨까요? 다른 사람들이 나를 보고 미쳤냐고 하겠지요.

또 나에게 취약한 영역이거나 내보이고 싶지 않은, 숨기고 싶은 감정도 있습니다. 두려움, 불안, 죄책감, 수치심이 여기에 해당합니다. 이런 1차 정서는 억압되어 있습니다.

사람이 어떤 일을 겪고, 그에 대한 반응으로 나오는 1차 정서는 건강하며 적응 가능한 것입니다. 자연적인 정서라고 할 수 있습니다. 누가 건드리면 정당하게 화를 내고 내 영역을 지킵니다. 엄마가 돌아가시면 마음껏 슬퍼하며 나를 달랩니다. 이런 정서는 '적응적인 1차 정서(adaptive primary emotion)'입니다. 상황에 대한 본능적 반응이지요. 즉각적으로 나타나고, 그 감정을 유발한 상황이나 자극이 달라지거나 사라지면, 감정 또한 사라집니다. 이런 정서는 인간의 생존, 그리고 안전과 관련이 있습니다.

건강한 사람들은 이 적응적인 1차 정서를 적절하고 맥락에 맞게 잘 표현하며 삽니다. 그런데 이 건강한 1차 정서가 억압될 경우 '부적응적인 1차 정서(maladaptive primary emotion)'가 됩니다. 저는 이 부적응적인 1차 정서를 속감정이라고 표현합니다.

예를 들어 설명해볼까요. 어린 시절 엄마는 내 삶의 모든 것을 통제하는 존재입니다. 그런 통제를 받을 때마다 엄마에게 적당히 내 욕구와 감정을 드러내면서 그때그때 해소했다면 그건 건강한 1차 정서가 되지요. 그런데 그걸 못 했을 경우 엄마에 대한 분노, 나 스스로에 대한 무력감이 생겨나고 이것이 부적응적인 1차 정서가 됩니다.

이제 2차 정서에 대해 알아보겠습니다. 2차 정서는 표면에 쉽게 드러나는 정서입니다. 1차 정서의 바깥에 자리하며, 짜증, 분노, 좌절감, 실망감 등으로 쉽게 표현됩니다. 자신의 욕구가 좌절되었을 때, 남 탓을 하면서 겉으로 표출하는 것입니다. 1차 정서가 혼자서 북 치고 장구 치는 것이라면 2차 정서는 상대에게 북채 던지고 장구채 던지는 것입니다. 이를 그래서 겉감정이라고 표현합니다.

1차 정서는 주로 나의 과거와 관계가 있습니다. 2차 정서는 현재의 타인을 향합니다. 이 2차 정서는 내가 지금 겪고 있는 대인관계에 부작용을 만들어내지요. 또한 2차 정서는 위험한 1차 정서(부모에 대한 분노, 원망, 누군가에 대한 수치심 등)를 그럴싸하게 위장시켜주기도 합니다.

구체적인 사례를 살펴봅시다. 회사에서 나를 지적하던 직장 상사에게 갑자기 울분이 터집니다. 소리도 지르게 됩니다. 그 감정 속에는 과거에 나를 야단치던 엄마, 제대로 엄마에게 마음을 표현하지 못했던 '과거의 나'가 있습니다. 이런 경우 과거의 엄마를 향한 1차 정서가 현재의 직장 상사에게 2차 정서로 드러난 것입니다.

"사사건건 간섭을 하는 시어머니 때문에 스트레스를 너무 많이 받아요. 그런데 마트에 가면 거기에서 일하시는 나이든 분들에게 제가 갑질을 해요. 그분들이 하는 행동이 다 마음에 안 들고, 나를 무시하는 것 같으면 폭발하게 되더라고요. 이런 제 자신이 혐오스러워요."

"어린 시절에 부모님이 권위적이었어요. 미술을 하고 싶었는데 부모님은 판검사나 의사가 되라고 하더라고요. 제가 하고 싶은 일에 관심을 기울여주는 사람이 없었어요. 전 제가 뭘 원해봐야 이룰 수 없다는 걸 일찍 깨달았어요. 그러다 보니 친구가 저의 사소한 부탁을 거절하면 심한 배신감, 슬픔을 느껴요. 이렇게까지 섭섭하게 여길 이유가 없다고 생각하면서도, 거절당하면 그 충격이 커요."

이런 감정들을 2차 정서라고 할 수 있습니다. 특정한 사물이나 동물 등에 대한 공포증도 비슷하죠. 어린 시절 개한테 물린 경험 때문에 어른이 되어서도 개를 볼 때마다 두려워한다면 과거로부터 해결되지 못한 정서가 남아 있는 것입니다.

회사에서, 학교에서, 가정에서, 사회에서 우리가 관계하는 많은 사람들과의 오해는 1차 정서와 2차 정서가 복잡하게 휘몰아치는 가운데 생깁니다. 특히 내가 인정받고 싶은 사람, 내가 사랑받고 싶은 사람과의 관계에서 잘 일어납니다.

팀장이 내 옆의 친구를 칭찬합니다. 과거에 동생만 예뻐했던 부모님에게 '왜 나는 예뻐하지 않느냐'고 제대로 말하지 못했던 일이 떠오릅니다. 내가 일도 더 잘하고, 더 열심히 하는데 부당하다는 생각이 듭니다. 회식 자리에서 왜 팀원들을 편애하느냐고 따지지도 못하고 괜히 화만 내고 있습니다. 팀장으로서는 어리둥절할 뿐입니다.

2차 정서는 어떤 '사건'이 기폭제가 되어 발생합니다. '트리거(trigger)'라고 하지요. 아이가 공부를 못해서 속상한 엄마가 있습니다. 평소에는 그 마음을 꾹꾹 눌러둡니다. 그런데 옆집 아이가 서울대학교에 합격했다는 소식을 들었습니다. 마침 그날 아이가 유튜브를 틀어놓고 치킨을 먹으며 낄낄거리고 있습니다. 화가 납니다. "너는 잘하는 게 먹는 거밖에 없니?" 2차 정서가 터진 겁니다. '우리 아이가 공부는 못하지만 그래도 착하잖아'라는 합리화로 꽁꽁 동여맨 '우리 아이가 못나서 속상하다'는 1차 감정이 고삐가 풀린 거지요.

'사건'을 만나면 2차 정서는 두 가지 유형으로 나아갑니다. 하나는 확산의 방식입니다. 치킨 한 마리 시켜 먹었다고 아이가 이전에 잘못했던 일까지 다 끄집어내서 30분 넘게 혼을 냅니다. 화가 산불처럼 번진 겁니다. 반대로 회피하거나 거리를 두는 방식도 있습니다. 집을 나가서 친구를 만나 수다를 떨며 아이에 대한 생각을 잊으려고 하는 겁니다.

건강한 정서를 가진 사람들은 적응적인 1차 정서를 현실에서 잘 표출하고 삽니다. 억압되고 풀지 못한 1차 정서와 그로 인한 2차 정서를 체험하지 않습니다. '마음이 상한 건 그때그 때 풀어야 한다'는 말은 진리입니다. 실제로 감정 능력이 탄탄 한 사람들에게는 1차, 2차 정서를 나누는 것이 별 의미가 없 습니다.

나에게 상처 준 사람을 찾는다고
상처가 해결되지는 않는다

그러면 이 2차 정서를 어떻게 해소해야 할까요? 나의 1차 정 서를 만든 사람을 찾아가서 소리를 지르면 될까요? 그렇지 않 습니다. 감정을 해소하는 것과 감정을 유발한 상대에게 그 감 정을 전달하는 건 다른 문제입니다. 이 두 가지를 잘 구별할 줄 알아야 합니다.

A가 나에게 상처를 주었습니다. 그 상처는 어떻게 해소할 수 있을까요? A에게 진정한 사과를 받으면 상처가 치유될까 요? 어느 정도 도움은 되겠지요. 하지만 냉정하게 말하면 큰 차이가 없습니다. 막상 A의 사과를 받아도 속이 후련하지 않 습니다. 우선 어느 정도의 사과를 받아야 할지 판단하기 어렵 습니다. 아예 그 사람이 세상에서 사라졌으면 좋겠는데, 그건

불가능합니다. A가 정말 진심 어린 사과를 하고 벌을 받아도 속이 후련하지 않을 수도 있습니다. '그동안의 내 인생은 뭐였나' 싶은 생각이 들고, 허무함이 밀려옵니다. 이로 인한 무기력과 우울증 때문에 저를 찾아오는 사람들도 많습니다.

A가 준 상처는 절대 A가 풀어줄 수 없다고 생각하세요. 그렇게 생각하는 게 인생을 사는 데에 훨씬 낫습니다. 그럼 어떻게 해야 A로부터 받은 상처를 없앨 수 있을까요? A가 없는 다른 세상에서 내가 더 잘 살 수 있음을 경험하면 됩니다.

가장 좋은 것은 A와의 감정적 분리입니다. A는 나의 과거에 있는 사람이고, 나는 이미 다른 삶을 살고 있다고 생각해야 합니다. 이런 감정적 분리는 A가 아닌 좋은 B와 C를 만나고, 그 관계에서 얻은 경험을 통해 내 자신의 심리적 역량을 키운 후에야 가능한 일입니다.

그런 경험이 주는 에너지가 생기면 자신을 잘 들여다볼 수 있습니다. 내가 화가 났구나, 내가 무엇 때문에 속상하구나, 내가 그래서 마음이 아프구나. 이런 '진단하는 능력'을 키울 수 있게 됩니다. 나중에는 상처를 입어도 다른 누군가의 도움 없이 스스로 잘 해소할 수 있는 능력을 가진 사람이 됩니다. 이런 능력을 갖게 되면 어느 순간 자신이 타인에게 짜증이나 화를 덜 내고 있다는 것을 느끼게 됩니다. 2차 감정이 별로 생기지 않는다는 것을 알 수 있지요.

성공적인 인생의 비결 중 하나가 '성숙'이라는 사실을 자주 깨닫습니다. 끝내 어려움을 이겨낸 사람들, 자기만의 길을 잘 걸어가는 사람들에게서 느껴지는 '성숙함'이 있습니다. 그 성숙함의 기본은 '자신을 그대로 받아들인다'는 것입니다.

자존감이 높은 사람들을 보면 감정 조절을 잘한다는 느낌을 받습니다. 그들이 특별히 성격이 좋아서가 아니라, 여러 경험을 통해 만들어진 감정의 솔직함이 있기 때문입니다. 저는 이것을 '오롯한 감정'이라고 부르고 싶습니다.

1차, 2차 감정의 문제를 자주 겪는 사람들의 궁극적인 문제는 자기 자신을 모르게 된다는 것입니다. 속과 겉이 다른 정서를 가진 삶을 살다 보니 진정한 나를 잃어버리게 되는 것이지요. 자신의 감정에 대한 확신이 없으면 타인에 대한 확신도 없어지고, 자신의 선택과 결정에 대한 확신도 없어집니다. 결국은 자기 자신에 대해서도 확신할 수 없게 됩니다.

2차 감정을 알아채면 대화가 어떻게 달라지나

1차 감정과 2차 감정처럼 사람의 감정 안에 또 다른 감정이 있다는 사실을 알면 인간관계도 더 좋아집니다. 다른 사람에게도 속감정과 겉감정이 있다는 것을 전제하므로 사람을 대할 때 여유가 생깁니다.

'지금 저 사람이 나에게 화를 내고 있지만, 사실은 다른 일 때문에 불안한 거야.' 이렇게 이해하면 상황에 대처하는 능력이 훨씬 높아지지요. 그러면 말하는 법도 달라집니다. 어떻게 달라질까요? 평소 시큰둥하던 남편이 모임에 가서는 사람들에게 농담도 잘 건네고 상냥하게 웃는 모습을 봤습니다. 아내는 짜증이 났습니다. 집에 돌아온 뒤에 아내는 남편이 양말을 뒤집어서 세탁기에 넣었다고 화를 냅니다.

아내: 왜 항상 양말을 뒤집어 놔?

남편: 고작 양말 가지고 뭐라 그래?

아내: 밖에서 만나는 사람들한테는 엄청 친절한 사람이 왜 집에서는 이 모양이야?

남편: 내가 뭘 친절했다고 그래? 그럼 그 자리에서 인상 쓰고 앉아 있을까?

뒤집어진 양말과 모임에서의 태도는 전혀 상관이 없습니다. 그러니 아내의 속마음(1차 정서)이 따로 있는 것이지요. 평소에 애정의 욕구가 만족되지 않은 것에 대한 섭섭함이 있는 겁니다.

아내: 왜 항상 양말을 뒤집어 놔?

남편: 앗, 바로 해놓을게. 그런데 무슨 일 있어?

아내: 밖에서는 친절한 사람이 집에서는 사소한 것도 못 하나 싶어서.

남편: 당신 뭔가 섭섭했던 거야?

아내: 모임에서 다른 사람들하고 이야기하느라고 나는 신경도 안 썼잖아.

남편: 아, 내가 그랬구나. 미안해. 당신하고 이야기하는 게 더 재밌지.

두 가지 중에서 나는 어떤 대화법을 구사할 수 있을지 생각해봅시다. 사람의 속마음을 살펴보려는 후자의 대화법이 습관이 되면, 인생의 많은 부분이 편해집니다.

주변을 살펴보면 자신의 2차 정서를 남에게 퍼붓는 사람이 있습니다. 아침에 사장에게 혼나고, 자리로 돌아와 팀원들을 닦달하는 팀장이 바로 그런 사람이지요. 이런 일을 당하면 팀장이 나를 공격했다는 생각이 들면서 나도 전투태세를 갖추게 됩니다. 바로 방어하게 되지요. 상대의 2차 정서에 휘말리게 되는 겁니다.

자기중심적인 사람, 특히 자기애가 강한 사람일수록 곧바로 이런 모드가 됩니다. '내가 뭘 잘못했다고 이렇게 깨고 난

리야? 자기는 일 똑바로 했어?'라는 생각이 들고, 머릿속에서 팀장이 그동안 잘못했던 일들을 우르르 끄집어내기 시작합니다. 그러면 전투가 확장됩니다. 아내는 양말에서 시작해 작년 명절 스트레스까지 입에 올리고, 남편 또한 오늘의 잔소리를 방어하느라 연애 때 이야기까지 끄집어내기 시작하면 끝이 안 나겠지요.

이렇게 하지 않으려면 첫째, 전투태세를 멈추고 적절한 수준에서 끊어야 합니다. 그리고 타인의 속마음을 살펴보세요. '팀장이 사장한테 깨져서 엄청 부담을 느꼈나 보다. 본성이 나쁜 사람은 아니니까 나중에 화가 가라앉으면 자기도 미안해 하겠지.' 이렇게 상대방이 화를 내는 것을 내가 아닌 상대방의 관점에서 바라보면 나의 부정적 감정이 즉각적으로 일어나지 않습니다. 또한 이때 상대방의 인격이나 성격이 아닌 지금 이 순간의 행동에만 초점을 맞추어야 한다는 것에 주의하세요.

둘째, 이 상황을 반추하지 말아야 합니다. 반추는 불쾌한 감정과 관련된 자극이나 상황의 부정적 측면만 반복해서 떠올리는 일입니다. 한마디로 되새김질을 하는 겁니다. 그러면 부정적인 정서가 증폭됩니다. 저 사람의 2차 정서가 나의 2차 정서까지 만들어내는 꼴이 됩니다. 팀장에게 혼난 일을 잊지 못하고 '나는 왜 이리 실수를 많이 할까'에서 시작해 '내 머리가 나쁘다'라는 결론까지 가는 게 반추의 과정입니다. 그러다 보면 '팀장한테 찍혀서 이 회사에서 승진은 물 건너갔으니 내 미래는 암울하다'는 최악의 생각까지 하게 됩니다.

셋째, 공감적 경청을 시도해봅니다. 팀장이 불안한 마음에 나를 혼낸 것도 알았고, 내가 잘못한 일도 그렇게 과하게 해석할 필요가 없다는 것 또한 알았으니, 이제 관계를 풀어보는 겁니다. 말도 안 되는 소리로 화만 내는 팀장에게도 과연 이런 '공감적 경청'을 할 수 있을까요? 바로 쓸 수는 없겠지만, 시도할 순간은 나타납니다.

일주일이 지난 뒤에 커피를 함께 마시면서 이런 말을 할 수도 있습니다. "요즘 힘드시겠어요. 매출이 떨어져서 다들 걱정이 크지만, 팀장님은 더 힘드실 것 같아요. 저도 실수를 줄여보도록 하겠습니다." 이 말을 들은 팀장이 '그날은 미안했다'고 사과할 수도 있습니다. 관계는 이러한 공감적 경청을 통해 변화합니다. 간혹 상담을 마치고 간 환자 중에서 자신이 평소에 무섭게만 생각하던 사람과 능동적 공감을 했다며 기뻐하는 사람이 있습니다. 그런 변화를 겪으며 자존감이 높아지는 환자들을 종종 봅니다.

넷째, 2차 정서와 관련된 대화를 할 때는 왜(Why)라는 물음이 아닌 '무엇을(What)' '어떻게(How)'로 접근해야 합니다. 팀장에게 "왜 화가 나셨습니까?"라고 묻는 것이 아니라 "무슨 일로 화가 나셨습니까?" 혹은 "어떤 상황이기에 화가 나셨습니까?"라고 물어야 한다는 겁니다. "왜?"라는 질문이 더 좋은 게 아닌가 싶을 겁니다. 이유를 물어보는 질문이니까요. 그러나 본인이 처음부터 자기 감정의 이유를 잘 알고 있고, 그것을 해소하려 노력했다면 애초에 2차 정서가 발동하지 않았을 겁니다. 게다가 "왜?"라는 질문은 '그럴 일이 아닌데, 너는 왜 그렇게 행동하느냐?'라는 의미를 숨기고 있기도 합니다. 그러니 '무엇을' '어떻게'를 활용하는 질문이 좋습니다.

지금까지 1차 정서와 2차 정서를 살펴보았습니다. 그런데 이런 궁금증이 들 것입니다. 내 감정이 부적응적인 1차 감정과 연결된 2차 감정임을 어떻게 알 수 있을까요?

첫째, 상황이나 자극의 정도에 비해 '지나치게' 강한 반응을 보입니다. 엉뚱한 상황에서 엉뚱한 상대에게 표출되니 과할 수밖에 없습니다. 상대방은 '쟤가 왜 저래?'라고 생각하게 되지요.

둘째, 상황이나 자극이 사라져도 감정이 지속됩니다. 아들이 유튜브를 그만 봐도 뭔가 후련하지 않고 오히려 감정이 더 상하기도 합니다.

셋째, 동일한 상황에서 동일한 패턴이 반복됩니다. 남편이 주말 동안 산악자전거 동호회 사람들과 놀다 오면, 이번에는 청바지를 뒤집어 벗어 놓았다고 화를 내게 됩니다.

　내가 이런 기분을 자꾸 느끼고 있다면, 숨어 있는 1차 정서가 무엇인지 파악하십시오. 그리고 의식적으로 '있는 그대로 상황을 이해하려는' 노력해보십시오. 내 감정이 무엇과 관계된 것인지, 과연 적절한지를 생각합니다. 그리고 다른 사람과의 관계에서도 공감적 경청을 해봅니다. 타인을 이해하려고 노력하는 과정은 나의 묵은 문제를 해결하는 데 큰 도움이 됩니다.

사람들과 거리를 두는 게
정말 좋은 걸까

감정을 타당화 해주기

'제가 알아채지 못한 이유가 있는 것 같네요'라는
말 한마디에 나쁜 관계가 한순간에 달라진다.
어떤 이유 때문일까.

우리의 영혼들이 무엇으로 구성되건, 그와 나의 영혼은 같다.
_ 에밀리 브론테

우리는 정서, 감정을 통해서 타인과 소통합니다. 관계를 갖는다는 건 상대와 어떤 특정한 감정 상태를 길게 유지하는 것을 말합니다. 가장 쉬운 예가 바로 사랑에 빠지는 것입니다. 우리는 누군가와 연인이 되기로 한 순간부터 그 사람과 둘만의 주관적인 감정을 공유하고, 그 상태를 긍정적으로 지속할 수 있도록 노력합니다. 부정적인 감정이 생겨나도 그걸 바로 드러내는 게 아니라, 어떻게 전달할지 고민도 하고 그 감정을 적극적으로 해소하려고 하죠.

그런데 신기하게도 연인 관계에서는 애를 쓰면서, 다른 관계에서는 그만큼 노력을 기울이지 않습니다. 그렇게 행동하면 부모, 친구, 동료 등 수많은 관계도 더 잘 풀릴 수 있을 것 같은데 말입니다. 이유가 무엇일까요?

좋은 관계란 서로의 욕구가 맞아떨어지는 관계입니다. 대표적인 게 의사와 환자의 관계이겠지요. 제가 환자를 보면서 갈등을 겪을 일은 잘 없습니다. 뭔가 힘들어서 병원에 찾아와 치료를 받고 싶다는 환자의 욕구와 환자를 치료해주고자 하는 저의 욕구가 맞아서 자발적 협력관계를 형성하고 있는데, 둘 사이에 무슨 욕구의 불일치가 있을까요. 그러니 부정적인 감정이 생길 수가 없습니다.

그런데 이 욕구의 일치가 깨질 때가 있습니다. 예를 들어 환자가 산재 진단서를 요구합니다. 의사 입장에서는 아무리 봐도 산재로 볼 수 없어서 진단서를 쓰지 못하겠다고 합니다. 이러면 협력관계가 깨집니다. 환자의 욕구도 좌절되고 의사의 욕구도 좌절됩니다. 환자는 산재로 인정받아야 하고, 의사는 의료법을 위반할 수 없습니다. 각자에게 합당한 이유가 있는데, 갈등은 생기고 부정적 감정이 폭발합니다.

욕구가 나의 내면의 문제라면, 목표는 나와 타인의 공동 문제라고 이해할 수 있습니다. 모든 인간관계에는 목표가 있습니다. 이렇게 말하니 뭔가 이기적인 사람이 된 것 같은 생각이 드나요? 나의 목표를 위해 남을 이용하게 될 것 같나요?

그러나 정작 문제는 목표를 분명하게 모르는 데서 발생합니다. 감정 능력은 나의 목표를 정확하게 알 때 키울 수 있습니다. 목표와 감정이 어떤 관계가 있는지, 그리고 타인과의 관계에 어떤 영향을 미치는지를 정리하면 다음과 같습니다.

1. 일차적으로 목표와 관련되어 정서·감정이 생깁니다. 예를 들어 내가 평소에 짝사랑하던 이성이 나를 무시할 때는 어떤 감정이 생깁니다. 반면에 내가 아무 관심도 없는 이성이 나를 무시할 때는 아무 감정도 안 생깁니다.

2. 이차적으로 그 정서·감정이 나의 목표와 합치하느냐에 따라서 긍정 혹은 부정으로 나뉩니다. 내가 평소에 짝사랑하던 이성이 나에게 밝게 인사를 하면 행복하고 기쁜 긍정적 정서가 생깁니다. 내가 평소에 짝사랑하던 이성이 나를 무시하면, 속상하고 슬픈 부정적 정서가 생깁니다.

3. 삼차적으로 대처 방법을 정합니다. 내가 평소에 짝사랑하던 이성이 나에게 밝게 인사를 했다면, 긍정 정서에 따라 나도 아는 척을 합니다. 내가 평소에 짝사랑하던 이성이 나를 무시했다면, 부정 정서에 따라 나도 같이 아는 척을 안할지, 부정 정서를 누르고 나라도 먼저 인사를 할지를 고민하게 됩니다.

저 사람에게 사랑받고 싶다는 욕구, 저 사람과 사귀고 싶다는 목표. 이런 것들이 있을 때 감정은 더 강하게 생겨납니다. 이러한 욕구와 목표가 분명하면, 감정의 문제도 더 분명해집니다.

사적인 관계보다 공적인 관계가 더 어려울 것 같지만, 공적인 관계가 더 편하다는 이들도 많습니다. 일로 만난 관계는 목표가 분명하기 때문입니다. 궁극적으로 이런 관계의 목표는 내가 일을 더 잘하고, 인정받고, 더 나은 보상을 받겠다는 것입니다. 다른 자질구레한 갈등으로 감정이 나빠지더라도, 결국 이 목표를 이루기 위해서는 그 감정을 조절하게 됩니다. 또 감정이 나쁘다가도 그 목표를 위해서 화해할 수도 있습니다.

부모, 친구, 형제, 부부 등과 같은 사적인 관계에서 일어나는 감정 문제가 어려운 것은 목표가 분명하지 않기 때문입니다. 특히 부모와 자식의 경우, 서로가 이 관계를 통해 바라는 어떤 목표가 있다고 말하기 애매합니다.

가장 큰 이유는 '선택'한 관계가 아니기 때문입니다. 목표를 위해 선택한 관계에서 일어나는 부정적 감정은 해소 방법이 분명한데, 그렇지 않은 관계에서는 작은 갈등이라고 해도 훨씬 불편하고, 나이가 들어도 잘 해소하기 어렵습니다.

예를 들어볼까요. 휴일에 늦잠을 자고 있는데 방에 들어온 엄마가 갑자기 화를 냅니다. "왜 너는 옷을 함부로 벗어 놓니?

네가 하는 일은 다 그래. 엄마가 네 청소부냐?" 이러면 나는 당황스럽습니다. 나도 화가 납니다. "자고 있었잖아. 금방 치우려고 했어. 내 옷이니까 내가 치우게 놔둬. 왜 화를 내는 건데?" 이렇게 맞대응하게 됩니다.

숱하게 겪는 일인데, 왜 이런 일이 반복되는 것인지 이해할 수가 없습니다. 엄마는 엄마대로 '다른 집 자식들은 집안일도 잘 도와준다는데, 왜 저럴까?' 하는 마음이 들고, 나는 나대로 '다른 집 엄마는 집에 들어오면 편안하게 해준다는데, 왜 우리 엄마는 잔소리만 해'라는 마음이 듭니다. 왜 우리 모녀는 이런 관계를 지속하는지 속상합니다.

이는 서로가 가지고 있는 욕구, 목표가 일치하지 않기 때문에 벌어지는 일입니다. 엄마는 자신의 가사노동이 좀 더 인정받기를 원합니다. 집안일을 덜 했으면 좋겠습니다. 자녀의 경우, 엄마에게 계속 보살핌을 받고 싶습니다. 밖에서 바빴으니 집에서는 좀 마음 편하게 쉬고 싶습니다. 서로의 욕구가 다르고 목표가 어긋나니 부정적 감정이 발생하는 겁니다. 어떻게 해야 할까요?

우선 어떤 관계도 각 개인이 가지고 있는 욕구와 목표를 일일이 다 이해하고 일치시킬 수는 없다는 것을 인정해야 합니다. 인간은 결국 개별적인 존재이기 때문입니다. 상대의 욕구와 목표를 다 만족시키겠다고 마음먹는 건 좋지 않습니다. 그 상대에게 종속되기 때문이지요. 나의 욕구와 목표에 상대가 완전히 동의해주기를 바라서도 안 됩니다. 다른 사람에게 내 욕구와 목표를 설명하고 도움을 요청할 수는 있겠지만, 그 욕구와 목표를 달성하는 건 오롯이 내 몫입니다.

우리가 할 수 있고 집중해야 하는 것은, 그런 욕구와 목표와 관련해서 일어나는 나의 감정과 상대의 감정을 '인정해주는' 일입니다. 이것을 '감정의 타당화(validation)'라고 합니다. 감정 능력이 좋은 이들이 바로 이 감정의 타당화를 잘하는 사람들입니다.

예를 들어봅시다. 자격증 시험에 떨어졌습니다. 속상하고 울고 싶은데 아빠가 남자는 그딴 일로 우는 법이 아니라며 내 감정을 받아주지 않습니다. 그러면 내가 우는 행위가 잘못되었다는 생각이 들고, 내가 진정 바라는 것이 무엇인지 헷갈리게 됩니다. 울고 있는 나 자신이 바보같이 여겨지겠지요. 동시에 아빠가 원망스럽기도 합니다. 사이가 서먹해지고, 거리를 느끼게 됩니다.

이걸 '감정의 타당화'라는 관점에서 바꿔봅시다. 우선 '내 감정을 타당화'하는 경우를 살펴봅시다. 내가 속상하고 울고 싶은 건, 그럴 만한 일입니다. 남이 원하는 모습(아빠가 말하는 남자는 그딴 일로 우는 게 아니라는 것)에 맞추어 생각하는 게 아니라, 내가 울고 싶을 정도로 속상한 걸 보니 그 실패는 '그딴 일'이 아니라 나에게 '중요한 일'이었다고 받아들이는 겁니다.

그러면 '정말 나는 이 일을 하고 싶은 거구나. 다음에는 꼭 성공해야지'라는 의지를 세울 수도 있고, 의외로 '이 일은 나에게 맞는 일이 아니야. 내가 원하는 일도 아니었어'라는 깨달음을 얻을 수도 있습니다.

감정의 타당화를 쉽게 말하면 '그럴 만한 이유가 있다'는 것입니다. 자신의 욕구를 이해하는 것이지요. 이렇게 감정의 타당화를 통해 자신의 욕구를 들여다보고, 의사결정을 하는 능력이 발달하면 감정 능력도 올라갑니다. 자신의 감정에 대한 자신감이 생기니 표정도 달라지고, 말도 달라지겠지요. 그런 모습을 보면 아빠가 나를 대하는 방식에도 변화가 일어나게 됩니다. 궁극적으로는 스스로에 대한 확신과 신뢰가 생기게 되겠지요.

그러면 입장을 바꾸어 상대방의 감정을 타당화 하는 일은 어떻게 할까요? 맞장구를 쳐주면 될까요? 상대가 좋은 감정을 보여줄 때는 맞장구를 쳐주기 쉽지만, 나쁜 감정일 때는 어렵습니다. 일단 상대방의 부정적 감정도 그의 욕구와 목표가 좌절된 것과 관련되어 있다고 생각해봅니다. '왜 저렇게 화를 내는 거야?'라고 생각하는 게 아니라, '화를 내는 건, 저 사람이 원하는 게 있었기 때문이구나'라고 접근하는 겁니다.

감정의 타당화 능력이 좋은 사람들은 상대의 화를 잘 가라앉힙니다. 상대방에게 말 한마디를 건네도, 제대로 된 말을 건넵니다. "제가 알아채지 못한 다른 이유가 있는 것 같네요"라는 말 한마디만으로도 상대는 자신의 감정을 알아주었다는 마음이 들고, 나를 대하는 태도가 바뀌게 됩니다.

진정한 감정의 타당화란 내 감정을 타당화 하는 동시에 타인의 감정도 타당화 하는 것입니다. 내 감정의 타당화만 아는 사람은 이기적일 수 있고, 타인의 감정만 타당화 하는 사람은 다른 사람의 눈치를 보며 내 감정을 돌볼 줄 모르는, 자존감이 낮은 사람일 수 있습니다.

토론을 잘하는 사람들의 특징

이런 감정의 타당화와 관련된 개념이 있습니다. 바로 '심리적 가시성(psychological visibility)'이라는 것입니다. 말 그대로 풀이하면 내면에 숨어 있는 마음을 눈에 보이게 만든다는 거겠지요.

예를 들면 이런 겁니다. 아이가 꽃병을 깼습니다. 엄마가 이렇게 반응합니다. "다치지 않았어? 엄마가 치울게." 꽃병을 다 치운 다음에, 왜 꽃병을 깨게 되었는지 아이에게 물어봅니다. 아이가 이렇게 말합니다. "꽃병에 있는 꽃이 예뻐서 뽑아서 엄마에게 주려고 했어." 아이의 진짜 마음이 드러났습니다. "그랬구나. 그런데 꽃병이 엎어져서 깨졌네. 속상했겠다. 엄마가 예쁜 마음 고맙게 받을게. 고마워." 이렇게 아이와 엄마가 심리적 가시성을 자주 겪게 되면 어떻게 될까요?

엄마는 아이의 숨은 마음을 알아줬더니 아이와의 관계가 좋아진다는 것을 깨닫습니다. 이후에도 아이와 소통할 때마다 아이의 숨은 마음을 이해하려고 노력하게 됩니다. 아이도 점점 더 솔직하게 자신의 감정과 생각을 말하게 될 겁니다. 누구에게도 주눅 들지 않고 당당하게 자신을 표현하게 됩니다. 또한 어른이 되고 부모가 되면 엄마가 자신에게 했던 것처럼 자신의 아이를 대하게 될 겁니다.

또 하나의 예를 들어보겠습니다. 맞벌이 부모라면 누구나 공감할 만한 이야기입니다. 퇴근하고 집에 돌아오면 아이가 엄마 아빠를 기다리고 있습니다. 아이는 자기가 하루 동안 했던 일을 털어놓습니다. 재미있게 읽은 만화책 이야기, 유튜브에서 본 깜짝 영상 등을 부모에게 알려줍니다. 학교에서 친구들과도 잘 놀았을 텐데, 왜 이렇게 엄마 아빠에게 찰싹 붙어서 쉴 새 없이 이야기를 쏟아놓는지 모르겠습니다. 딱히 엄마가 잘 아는 이야기도 아닌데 말입니다. 그런데 연인 사이를 생각해보세요. 한창 사랑에 빠진 연인들은 밤늦게 통화하면서 시시콜콜한 이야기를 하느라 잠을 못 자기도 합니다. 별로 중요한 일도 아닌데 말입니다.

심리학자 너새니얼 브랜든(Nathaniel Branden)이 말한 심리적 가시성의 핵심은 '나'라는 존재는 '타인의 반응'에 의해서 인지된다는 것입니다. 부모가 나의 말과 행동에 어떤 피드백을 하느냐, 연인이 나의 수다에 어떻게 반응하느냐에 따라, '나는 소중한 아이'라는 것, '나는 사랑받는 연인'이라는 것을 객관적으로, 눈에 보이게 확인하는 것입니다.

관계를 잘 다룬다는 건, 상대의 감정을 '눈에 보이게' 확인해주는 일입니다. 상대가 재미있는 이야기를 했을 때 웃어주는 사람과 짜증을 내는 사람 중에서 누가 그 관계를 잘 풀어나갈지는 분명합니다. 상대의 모든 의견에 동의하거나, 그 사람의 감정에 똑같은 감정을 표현해야만 '심리적 가시성'을 느낄 수 있는 건 아닙니다. 서로 의견이 다를 경우에도 그 사람이 하는 말에 '그 부분은 이해가 가네요' '그런 점은 흥미롭군요'라며 적절하게 반응을 보여준다면 부정적인 감정을 일으키지 않고, 긍정적인 분위기 속에서 함께 이야기를 나눌 수 있습니다.

토론을 잘하는 사람들을 보면 완전히 다른 의견을 갖고 있는데도 이야기를 잘 이어나갑니다. 반면 입장이 같은데도 불구하고 이야기를 나누면 불쾌한 사람들이 있지요. 바로 상대방의 심리적 가시성은 아랑곳하지 않는, 오로지 자기 이야기만 하려고 하는 사람들입니다. 하지만 '나는 당신의 이야기를 듣고 있다'는 것을 느끼게만 해준다면, 어떤 이야기도 나누지 못할 사람이 없습니다.

협상 기술과 관련된 책들을 보면 이를 연상시키는 대목이 꽤 나옵니다. 가장 좋은 협상은 '윈-윈(win-win)'이라는 말이 있습니다. 내가 원하는 게 있고, 상대가 원하는 게 있습니다. 이 두 가지가 서로 배치되는 것은 아님을 확인하는 게 협상의 기본이라고 합니다. 즉, '나는 당신이 원하는 것이 무엇인지, 왜 그것을 원하는지 알고 있다'는 말을 하는 것만으로도 협상을 성공적으로 이끌 수 있다고 합니다. 적대적 관계에서도 각자만의 이익을 추구하는 협상에서도 이런 심리적 가시성이 중요합니다. 그러니 우리가 일상적으로 맺고 있는 인간관계, 특히 서로에 대한 애정을 확인하고 싶은 관계에서는 더욱 중요한 문제가 아닐 수 없습니다.

너새니얼 브랜든의 저서 『자존감의 여섯 기둥』에서 말하는 심리적 가시성의 내용을 좀 더 살펴보면 아주 재미있습니다. 심리적 가시성을 경험하면 어떤 일이 벌어질까요? 우선 마음이 안정됩니다. 상대가 나를 보고 있고 이해하고 있다고 느낄 때, 나의 존재가 인정받는다는 기분이 듭니다. 그리고 상대와 내가 같은 세계에 있다고 느낍니다. 누군가와 만족스러운 관계를 가지려면, 같은 세계에서 살고 있다는 일체감이 필요합니다. 그렇지 못하면 좋은 관계를 맺을 수 없습니다.

심리적 가시성은 인간에게서 외로움을 없애줍니다. 인간이 가진 강력한 욕구 중 하나가 바로 소속감에 대한 욕구입니다. 이 소속감을 느끼는 데 많은 타인이 필요하지는 않습니다. 단 한 명이라도 나에게 의미 있는 타인이 옆에 있다면 인생은 외롭지 않을 수 있습니다. 그 '의미 있는 타인'은 심리적 가시성을 느끼게 해주는 사람입니다.

그런데 우리의 심리적 가시성을 방해하는 사람이 있습니다. 바로 모든 것을 '통제하려는' 사람입니다. 대표적인 예로 억압적인 부모를 들 수 있습니다. 자식이 힘들다고 하는데 그 말을 무시하고 자신의 기준에 맞추라고 요구합니다. 이런 사람과 같이 있을 때 우리는 심리적 가시성을 못 느낍니다. 그리고 이렇게 말합니다. "저 사람하고는 말이 안 통해."

심리적 가시성은 결국 '공감력'과 연결이 됩니다. 인간관계에서 공감과 소통이 중요하다는 건 누구나 알고 있습니다. 그런데 공감하기가 쉽지 않습니다. 어떻게 해야 할지 잘 모를 때가 많습니다.

"여자친구가 갑자기 우는데 어떻게 해야 할지 모르겠더라고요. 제가 공감력이 떨어지는 걸까요?"

"남동생을 위로해주고 싶은데, 어떻게 해야 할지 모르겠어요. 맨날 치고받고 싸우기만 했는데, 어색하기도 하고요."

이런 고민을 자주 듣고 있지 않나요. 공감은 '너와 나의 감정이 같다'가 아니라, '너의 감정(특히 부정적인 감정)에 이유가 있다'는 것을 알아주는 것입니다. 공감을 표현할 때면 떠오르는 CF 장면이 있습니다. 오래된 통신사 광고인데, 숲속에서 한 스님과 한 남자가 함께 걷는 장면입니다. 두 사람은 아무 말 없이 고요히 걸어가지만 서로 충분히 공감하고 있다는 건 느껴집니다. 저는 그걸 보면서 공감이 무엇인지를 정말 잘 표현했다고 생각했습니다. 누군가에게 공감을 표현할 때는, 많은 말이 필요 없습니다. 공감은 누가 끌어당기는 일이 아닙니다. 옆에서 나란히 혹은 두어 걸음쯤 뒤에서 따라가는 것입니다. 내가 앞서 나아가서는 안 됩니다.

관계를 회복하기 위해 한 말이 도리어 화를 부를 때가 있습니다. 이런 일은 내가 상대의 감정을 끌어당기려고 할 때 발생합니다. 상대가 부정적 감정의 이유를 설명하지 못한다고 하여, 내가 대신 설명해주려고 할 때입니다. 잘못하면 공감이 아니라 섣부르게 넘겨짚은 오지랖이 되거나 강요가 될 수 있습니다. 공감은 '감정을 통한 소통'이라는 점을 기억하세요.

> "아이가 학교 친구에게 맞아서 턱에 상처가 크게 났어요. 때린 아이가 잘못했다고 하는데, 오히려 남편에게 더 화가 났어요. 학교 선생님에게 갔을 때 너무 공손하게 이야기를 하더라고요. 나는 속이 상해 죽겠는데, 남편은 속상하지도 않은가 봐요."

이와 비슷한 상황을 겪어보셨을 겁니다. 남편 입장에서는 제대로 된 사과를 받고, 또 이런 일이 없도록 하는 게 중요하지, 선생님에게 항의하는 게 뭐가 중요하냐고 생각할 수 있습니다. 이 문제는 누구의 입장이 옳은가 그른가 하는 게 아니라, 부부가 서로 한 팀이라는 소속감을 덜 느끼고 있다는 겁니다. 평소에 남편이 아내와 정서적으로 소통한 경험이 거의 없다는 점도 짐작할 수 있습니다. 남편이 속상하지 않을 리가 없죠. 다만 평소 감정을 드러내는 게 좋지 않다는 생각을 했을 가능성이 큽니다. 또한 아내가 '감정의 타당화'를 경험할 수 있는 역할을 해본 적도 없을 겁니다.

정신건강의학과 전문의들도 감정을 드러내지 않는 게 좋다는 훈련을 받아왔습니다. 특히 프로이트의 경우, 의사는 치료자에게 자신의 개성(personality)을 드러내서는 안 된다고 말했습니다. 의사와 치료자 사이에 감정이 오고 가면 두 사람 사이에 주관적인 관계가 형성되고, 그러면 치료자가 자신의 내면을 자유롭게 드러내거나 의사가 객관적인 태도를 유지하는 데 방해가 된다는 거지요.

저는 의사가 객관성을 유지하는 것과 환자에게 감정을 전달하는 것은 다른 문제라고 생각합니다. 앞의 개념을 빌려서 말하면, 의사가 환자에게 '심리적 가시성'을 충분히 드러내주어야 한다고 생각하는 편입니다. 그러나 프로이트가 왜 감정을 표현하지 말라고 했는지는 이해합니다. 인간이 관계를 맺는 데 있어 감정의 소통이 얼마나 큰 힘을 갖고 있는지를 역설적으로 표현한 것이라고 생각합니다. 그래서 최근 심리 치료 트렌드는 개인의 내적 갈등을 분석하는 것에서 벗어나 정서 혹은 대인관계를 중요시하는 방향으로 변화하고 있습니다. 또한 치료자의 역할이 '차가운 분석가'에서 '품어주는 사람'으로 변하면서 과거와 달리 치료적 관계를 중요시하는 여러 심리 치료가 등장하고 있습니다.

그런 점에서 정서를 드러내고 나누는 능력을 잘 갖추는 것이 정말 중요합니다. 정서의 놀라운 기능 중 하나는 우리를 놀이의 세계로 안내한다는 겁니다. 우리가 친구를 만나는 이유가 뭘까요. 간단합니다. 즐겁게 놀기 위해서죠. 아이들이 노는 걸 살펴봅시다. 놀이를 할 때 아이들은 자신의 감정을 숨기지 않습니다. 솔직하게 드러냅니다. 상대의 감정에 호응도 잘해줍니다. 함께 재미있는 일을 벌이고, 거기서 나오는 즐거운 감정을 공유합니다. 넘어져서 다치고 울면 같이 위로해줍니다. 서로 다툰다고 해도 금방 화해합니다.

어른도 비슷합니다. 사이가 좋은 친구, 연인, 부부는 서로 어린아이처럼 재미있게 놀 줄 압니다. 나이가 들어도 사이좋은 형제들은 어린 시절처럼 아무 말이나 하면서 즐거워하지요. 다 큰 어른들이 초등학교 동창 모임에 가면 그 시절로 돌아가 마치 아이처럼 놉니다. 우리는 '누구와도 잘 어울려 노는 사람'을 부러워합니다. 잘 노는 사람이 바로 타인과 관계를 잘 맺는 사람이기 때문입니다. 즐겁게 어울려 놀려면, 긍정 정서를 함께 만들어낼 줄 알아야 합니다. '특별한 뭔가를 하지 않아도 같이 있으니까 기분이 좋다'는 느낌이 드는 사람이 되어야 하는 것입니다.

5

나쁜 일은 왜 쉽게
잊히지 않는 걸까

기분을 셀프 확대하지 않기

나쁜 생각은 꼬리에 꼬리를 물고 점점 커진다.
어떻게 하면 이 고리를 끊을 수 있을까.
오버하지 않고 나를 어떻게 표현할까.

여러분은 여러분이 온종일 생각하고 있는
바로 그것의 조합이다.
_조셉 머피

많은 이들이 논리적인 문제보
다 감정과 관련된 문제를 다루기 어려워합니다. 감정은 증폭
되기 쉽기 때문입니다. 특히 부정 정서의 경우에는 그 정도가
심합니다. 저는 이것을 '부정 정서의 셀프 확대화'라고 부릅
니다.

> "내가 왜 그때 할 말을 제대로 하지 못했나 후회가 되어서
> 잠이 안 와요. 누우면 자꾸 그 상황이 떠올라요."

부정 정서가 증폭되는 원인은 그 일 자체보다는 나쁜 상황
을 되새김하는 반추에 있습니다. 내가 실수하거나 잘못된 점
들을 계속 떠올리면서 '내가 그런 선택을 하지 않았더라면 이
런 일은 일어나지 않았을 텐데'라고 생각하는 것이지요.

반추가 시작되는 이유가 있습니다. 문제를 해결하기 위해서
입니다. 뭐가 문제였는지 곰곰이 되새김질을 하면서 해결책
을 찾아나가려는 겁니다. 그런데 이런 되새김이 생산적인 방
향으로 나아가지 못하고 부정적 측면에만 집착하면 문제가
됩니다.

원래의 목적인 문제 해결에 대한 인식은 희미해지고 부정
적 정서 자체에 몰입하게 되면, 감정이 증폭되고 심각한 상황
에 이르기도 합니다. 우울증과 불안증세로 찾아오는 환자들의
경우, 그 양상이 다르긴 해도 생각을 곱씹는 경우가 많습니다.
이렇게 되면 우울과 불안 정서가 더욱 심각해집니다.

반추와 비슷한 게 '걱정'입니다. 걱정은 일반적이고 정상적
인 반응인데요. 이 걱정이 반추와 짝이 되어 과도해지는 경우
가 많습니다. 사실 문제를 해결하려면 미래지향적인 생각으로
나아가야 합니다. 그리고 생각을 행동으로 옮길 에너지를 만
들어야 합니다. 그런데 이미 벌어진 일, 겪은 일, 그중에서도
부정적인 것에만 몰두하면 어떻게 될까요?

이렇게 하면 한편으로는 자기 위안이 됩니다. '나는 문제를
해결하기 위해서 이렇게까지 노력하고 있어'라고 생각하는
것이지요. 그러나 결말은 새드 엔딩을 향해 갑니다. 최악의 경

우를 자꾸 상상하게 되는 것입니다.

　아르바이트 중에 실수를 했습니다. 내일 다시 아르바이트를 갈 생각을 하니 잠이 안 옵니다. 내가 무엇을 잘못했는지 곱씹고 또 곱씹습니다. 그때 나를 야단치던 사장님의 표정과 말이 자꾸 떠오릅니다. 내일 가면 일을 그만두게 될지도 모르겠다는 생각이 듭니다. 일을 그만두면 당장 이번 달 생활비가 부족합니다. 안 그래도 이번 달에 써야 할 돈이 꽤 있는데, 어떻게 채워 넣어야 할까 싶습니다. 친구에게 돈을 빌려야 하나 하는 생각까지 합니다. 그런데 주변에 돈을 빌릴 만한 친구가 마땅하게 떠오르지 않습니다. 게다가 과거에 이와 비슷한 실수를 했던 일들이 떠오릅니다. 전에 일했던 곳에서도 비슷한 일이 있었는데 또 이런 일이 벌어졌다고 생각하니 인생을 잘못 산 것 같은 생각까지 듭니다. 그런데 곰곰이 생각해보니 과연 이 실수가 내 탓이기만 한 건지, 사장님이 잘못한 건 없는지 억울한 마음이 듭니다. 이렇게 생각이 꼬리에 꼬리를 물고 맙니다. 잠은 다 잤습니다.

　이런 상태에서 다음 날 출근하게 되면 어떤 일이 벌어질까요? 필요 이상으로 과도하게 사과하거나, 마치 당장이라도 사장이 나를 자를 것처럼 여기고 이에 거세게 항의하는 모양새를 취하게 되기도 합니다.

　또 다른 예를 들어보겠습니다. 사내 연애를 하는데 남자친구가 이를 공개하지 않으려 합니다. 남자친구는 정규직인데 나는 계약직입니다. 급기야 '내가 계약직이라서 공개하지 않으려고 하는구나'라는 결론에 이릅니다. 이전에 백수였던 남자친구를 사귈 때보다 자존감이 더 떨어집니다.

이럴 때는 사내 연애를 공개하지 않으려는 이유를 당당하게 물어보는 게 답이겠지요. 남자친구가 직장에서 아직 일을 잘한다고 인정받지 못한 상태인데, 연애까지 하느냐는 소리를 듣기 싫을 수도 있습니다. 혹은 공개 연애를 했다가 아프게 헤어진 경험이 있어서일 수도 있죠. 아직 사귄 지 얼마 안 되었으니, 좀 더 관계에 대한 확신이 든 후에 공개하고 싶은 것일 수도 있습니다. 그런데 한번 생각해봅시다. 나는 과연 사내 연애를 공개하고 싶은 걸까요? 사내 연애를 공개하게 되면 나 또한 힘든 점이 많을 수도 있습니다.

하지만 '사내 연애를 알리는 것 = 나에 대한 사랑을 확인받는 것'으로 생각하고 남자친구에게 수시로 애정을 확인받으려 하면, 조금만 서운한 일이 있어도 마음의 상처를 크게 입게 됩니다. 사내 연애를 알리지 않는다는 사실이 부정적 요소(계약직)와 붙으면서, 부정적 감정을 증폭시키게 되는 것입니다. 생각이 꼬리에 꼬리를 물게 됩니다.

우리는 흔히 부정적인 감정이 생기면 '자, 이게 어떻게 된 일인지 찬찬히 되짚어보자'라고 쉽게 말합니다. 당연히 문제를 해결하려고 하는 일이겠지요. 그러나 반추는 도움이 전혀 안 되는 방식입니다.

저는 그런 점에서 반추하는 방법을 권하지 않습니다. 과거의 일을 되짚어볼 거라면, 생각하지 말고 차라리 글로 써보라고 합니다. 글로 쓰다 보면 '내가 뭔가 잘못 생각하고 있었네?'라는 깨달음이 저절로 들 때가 있습니다. 글을 쓰기 위해서는 생각을 정리하고 요약해야 하는데, 이 과정에서 감정의 객관화가 저절로 이루어지기 때문입니다.

부정적인 감정을 해소하고 긍정적인 사고를 하겠다는 뚜렷한 목표가 없는 사람일수록 반추의 방법이 별 도움이 되지 않습니다. 오히려 부정적 감정을 셀프 확대하는 경향을 가속화합니다. 그러면 감정 능력이 좋은 사람들은 부정적 감정의 셀프 확대를 어떻게 막을까요?

첫째, '감정의 타당화'에서 배웠듯이, 우선 내가 느끼는 감정을 있는 그대로 인정합니다. 계약직으로 일하는 건 마음이 힘든 일입니다. 다른 회사 사람과 사귀는 것도 아니고 같은 회사 사람과 사귀는데 내가 계약직인 상황을 떠올리지 않을 수 없습니다. 내 마음이 힘든 건 사실입니다. 감정을 있는 그대로 인정하는 건 우리가 남들에게는 쉽게 해주는 일입니다. 누군가 마음이 아프고 힘들 때 공감하고 위로해주는 것입니다. 그런데 우리 스스로에게는 잘 해주지 않습니다. '이런 감정을 느끼는 건 바보 같은 거야. 못난 거야. 그게 말이 된다고 생각해?'라며 억누르려는 경우가 많습니다.

풍선을 한쪽으로 밀면 결국 터지게 됩니다. 감정도 마찬가지입니다. 억누른다고 해서 억눌리지 않습니다. 이런 감정을 느끼는 것이 바보 같아서 이러지 않겠다고 다짐을 하는데, 역설적으로 더 속상하고 도리어 안 해도 되는 생각까지 덧입혀집니다. 이렇게 셀프 확대화가 시작됩니다. 셀프 확대로 인한 결론이 과도한 셀프 위로로 이어지기도 합니다. 내가 이리 화가 나는 건 너무나도 당연하며 내가 이토록 불안한 것 또한 너무나 당연하다는 것이지요. 이와 같은 과잉 타당화의 심리에는 모든 게 남의 탓이라는 속마음이 숨어 있습니다. 그래서 나 자신을 진정으로 돌아보지 못하게 됩니다. 첫 번째 단계에서 내 감정을 있는 그대로 인정해야 다음 단계로 나아갈 수 있습니다.

둘째, 내가 이런 감정이 든 이유를 질문해봅니다. 물론 이유는 스무 가지도 넘게 찾을 수 있을 겁니다. 남자친구는 분명히 연애 초반에 사내 연애는 부담스러우니 비밀로 하고 사귀자고 했을 것이고, 둘 나름의 약속이 있었을 것입니다. 그런데 남자친구가 최근에 새로 들어온 A씨와 탕비실에서 커피를 마시며 담소를 나누는 모습을 보았습니다. A씨는 학벌도 좋고, 집안도 좋고, 무엇보다 정규직 사원입니다.

'만약 A씨라면 사내 연애를 비밀로 하자고 했을까?'라는 의심이 듭니다. 그런데 갑자기 남자친구가 데이트를 취소합니다. 어머니가 편찮으셔서 병원에 같이 가봐야 한다는 말을 듣긴 했지만 그게 진짜 이유일까 싶습니다. 중요한 건 남자친구가 어떤지가 아니라 '나는 왜 이런 생각을 하는가'라는 겁니다. 사람들은 보통 반추의 과정에서 타인에 대한 반추를 합니다. 그러나 사실은 나 자신을 들여다봐야 합니다. 그러면 이유를 다시 찾게 됩니다. '새로 들어온 A씨가 정규직이라는 것이 부럽다. 내 남자친구가 그런 A씨와 가까워져서 나와 헤어지자고 할까 두렵다. 남자친구가 나를 떠나게 되면 내가 보잘것없는 존재라는 것이 증명되는 것 같다.' 이런 게 정확한 이유입니다.

셋째, 이제 상황을 객관적으로 보는 분별의 단계입니다. 우리가 왜 반추를 할까요? 위장이 네 개나 되는 소가 되새김질을 되풀이하는 것을 반추라고 합니다. 이는 소화를 시키기 위해서입니다. 인간도 마찬가지입니다. 우리는 소화가 안 된 것을 반추합니다. 즉 이해가 안 되고 납득이 안 되는 일에 대해 반추를 하며, 억울하고 분하고 슬픈 감정이 해소가 안 될 때 반추를 합니다.

이런 반추에서 벗어나기 위해서 필요한 것이 바로 '분별의 거울'입니다. 분별의 힘은 객관의 눈을 만들어줍니다. 새로 들어온 A씨의 사수가 내 남자친구이기 때문에 당연히 가깝게 지낼 수밖에 없다는 상황이 눈에 들어올 겁니다. 남자친구의 어머니가 신장 투석을 하시는 분이어서, 전해질 농도가 떨어지는 상황이 벌어지면 병원에 급하게 칼륨약을 받으러 가야 한다는 이야기를 들었던 기억도 나겠지요.

넷째, 지금 이 자리로 돌아오는 단계입니다. 나의 의식을 현실로 돌아오게 만드는 것입니다. 만약 내가 커피를 마시고 있다면 커피 향을 음미해봅시다. 커피를 한 모금 마시고 쓴맛과 신맛, 단맛과 짠맛의 오묘한 조화를 느껴봅시다. 커피잔을 꼭 잡아보고 남아 있는 온기를 느껴봅시다. 커피가 나의 목구멍을 타고 넘어가는 감각을 느껴봅시다.

혹은 내가 지금 회사에서 하고 있는 일이 있다면 나의 온 신경을 그 일에 집중해봅니다. 나의 손가락이 컴퓨터 자판을 따다닥 치는 경쾌한 감각을 느끼고, 자료를 보느라 빠르게 굴러가는 나의 눈동자와 쉴 새 없이 정보 사이를 헤매는 나의 두뇌를 느껴봅니다. 부정 정서의 셀프 확대화를 하기 전에 내가 하고 있었던 그 일로 돌아가는 것입니다.

이런 일에도 물론 연습이 필요합니다. 제가 추천하는 방법은 향이 강한 사탕을 재빨리 입에 물고 온 신경을 집중해 세세히 관찰하고 묘사하는 겁니다. 사탕 맛이 어떻다, 혀에 닿는 감촉이 어떻다, 목구멍에서 산뜻한 향이 난다… 일정 시간 동안 이런 식으로 '지금 여기'로 돌아오는 겁니다. 그런 후에 내가 지금 하고 있는 일에 본격적으로 돌입하면 부정적 감정으로부터 벗어나게 됩니다.

이것이 바로 '부정적 감정의 셀프 확대'에서 벗어나는 방법들입니다. 『나를 아프게 하지 않는다』라는 책에서 자존감을 지키기 위해서는 '존중의 거울'과 '객관의 거울'이 필요하다는 이야기를 했습니다. 여기서는 '성찰의 거울'과 '분별의 거울'이 필요하다고 말씀드리고 싶습니다. 자신을 성찰할 수 있고, 사태를 바르게 분별할 때 부정적 감정의 셀프 확대 경향도 사라집니다. 나 혼자 상상한 거 아닌가? 과연 확인된 사실인가? 이런 물음을 습관화하면 좋습니다. "그건 확인된 건가요?"라는 말을 자신에게 혹은 상대방에게 던질 수 있는 습관을 가져보세요.

마음을 원상회복하려면

부정 정서과 긍정 정서에 대해서 좀 더 살펴보도록 하겠습니다. 반추는 긍정 정서에서는 잘 일어나지 않습니다. 왜 그럴까요? 우선 부정 정서는 긍정 정서보다 레퍼토리가 더 다양합니다. 감정과 관련된 단어를 말해보라고 하면, 사람들은 부정 정서를 주르륵 나열하고 긍정 정서는 고작 몇 개만 나열할 겁니다.

인간이 생존하는 데는 긍정 정서보다 부정 정서가 더 중요합니다. 인간의 DNA에 들어 있는 것입니다. 예를 들어 불안을 느껴야 맹수에게서 도망쳐 살아남을 수 있습니다. 인간이라면 누구나 그렇게 합니다. 이를 '행동 경향성(action readiness)이 명확하다'라고 표현합니다.

반대로 긍정 정서는 행동 경향성이 명확하지 않습니다. 복권에 당첨될 경우 누구는 술을 마시고, 누구는 집을 사고, 누구는 직장을 그만두고, 누구는 기부를 합니다. 수십 가지 자기 스타일의 행동이 있습니다. 그런데 맹수를 만나면 인간은 그냥 도망갑니다. 맹수를 만났을 때는 최대한 빨리 행동해야 하는데, 부정 정서가 이 반응의 속도를 높입니다. 심리학자 바버라 프레드릭슨(Barbara Fredrickson)은 부정 정서와 긍정 정서의 기능을 이렇게 정리합니다.

부정 정서의 기능

– 위험과 위협에 대응하도록 만드는 적응적인 기능이 있습

니다. 불안과 공포가 대표적인 예입니다.

- 특정한 행동 경향성으로 행동하게 합니다. 위험을 알리고 반응 범위를 좁혀 위험 신호에 재빨리 대처하게 합니다. 공룡을 만나면 도망가든지 공룡을 잡아 죽이든지 둘 중에 하나를 해야 하지요.

- 당장 눈앞의 상황에 대응하는 데 집중합니다. 행동이 위축되고 제약이 됩니다. 마음이 힘들면 취미생활을 할 에너지가 없어지는 것과 같습니다.

긍정 정서의 기능

- 긍정 정서는 부정 정서(안전하지 않다는 신호)와 다르게 안전의 신호로 작용합니다.

- 그래서 미래에 대한 대처 역량을 확장하고 증대시키는 역할을 합니다.

- 불특정한 행동 경향성을 유발합니다. 예를 들어 딸기가 맛있을 경우 개인마다 행동 경향이 다릅니다. 누구는 딸기를 더 사러 가고, 누구는 딸기를 옆집에 나누어주기도 합니다.

- 긍정 정서는 이후 다른 상황에서 사용할 수 있는 개인적 자원을 확장하고 축적합니다.

- 긍정 정서는 새로운 적응적 사고-행동 경향성을 생성하

는 인지적 활동을 촉진합니다. 아이디어가 풍부하게 나오고 창작 활동에 도움이 되지요.

부정 정서든 긍정 정서든, 정서의 기능은 현재의 대처 방식이 얼마나 적절한지 알려주는 신호입니다.

부정 정서의 경우 → 현재 대처 방식이 부적절하므로 변화하라.
긍정 정서의 경우 → 현재 대처 방식이 적절하므로 강화하고 확대하라.

한때 긍정심리학이 유행한 적이 있습니다. 지금은 또 '긍정의 배신'이라는 말도 등장했지요. 특히 사회가 불평등해지고, 한 개인이 자신의 힘만으로 인생을 꾸려나가기 힘들어질수록 긍정 정서가 생겨나기 어렵습니다. 저는 여기에 오해가 있다고 생각합니다. 긍정심리학은 '무조건 모든 일을 긍정적으로 보라'는 게 아닙니다.

'열정 노동'이라는 말도 비슷합니다. 우리가 하는 일에 '열정'을 갖는 것은 중요합니다. 다만 정당한 노동의 대가를 '열정 페이'라는 명목으로 지불하지 않는 게 문제인 것이지요. 그런데 잘못해서 '일에 열정을 가지는 것 자체가 이용당하는 것이다'라고 생각하게 되면, 내가 가지고 있는 삶의 에너지를 막을 수 있습니다. 나를 계속 '부정 정서'에 묶어두게 하기 때문입니다. 이렇게 되면 당연히 사람과의 관계, 조직 안에서의 커뮤니케이션에 문제가 생깁니다.

최근에 대인관계에서의 부정적 감정 문제를 다룬 책들이 많습니다. 호구가 되지 말라거나 이용당하지 말라는 이야기입니다. 그런데 그 내용을 보면, 내가 느끼는 감정이 얼마나 부정적인지를 살펴보는 것에만 집중하고, 해결책으로 인간관계를 그냥 끊어버리라고 하는 경우가 많습니다. 당연히 잘못된 관계는 끊어야 합니다. 그러나 궁극적인 해결 방법은 부정 정서 속에 나를 놔두는 것이 아니라, 긍정 정서 속에서 관계를 해결하는 것으로 나아가는 겁니다.

나중에 좀 더 자세히 살펴보겠지만, '외상 후 스트레스'뿐만 아니라 '외상 후 성장'이라는 것도 있습니다. 상처를 받으면 당연히 아픕니다. 그러나 그것이 치유되는 과정을 통해 다치기 전보다 더 건강해질 수도 있습니다.

부정적 감정의 셀프 확대화를 경계해야 하는 이유는 자기 가치관을 실현하는 데 방해가 되기 때문입니다. 부정적 감정도 변화를 가져오고, 긍정적 감정도 변화를 일으킵니다. 좋은 변화는 과거의 감정을 사라지게 만듭니다. 새로운 정서의 세계로 이끌지요. 그런데 부정적 감정의 셀프 확대화는 계속해서 나를 과거 속 감정의 소용돌이로 되돌려놓습니다.

이 부정적 감정의 셀프 확대화를 막기 위해서는 긍정 정서가 필수적입니다. 그리고 긍정 정서는 우리를 원래의 모습으로 되돌려놓습니다. 부정 정서를 갖게 되면 신체적으로도 변화가 생깁니다. 몸이 경직되고, 호흡도 증가하고, 소화가 억제됩니다. 긍정 정서를 느끼게 되면 이런 신체적인 긴장이 사라집니다. '마음을 편하게 가져야 몸도 편해진다'는 말입니다. 그리고 생각도 편하게 할 수 있게 됩니다. 자존감도 되찾게 됩니다. 프레드릭슨은 이를 '긍정 정서의 원상복구 가설(undoing hypothesis)'이라고 말합니다.

부정 정서의 셀프 확대화에서 벗어나는 건 다람쥐 쳇바퀴에서 내려오는 일입니다. 나는 계속 열심히 달린다고 생각하는데, 제자리에 있는 거죠. 멈추면 불안하니까 계속 달리기만 합니다. 그러지 말고 긍정 정서의 힘을 활용해 그 자리에서 내려오십시오. 부정 정서에서 벗어나 더 자유롭게 자신을 풀어놓도록 하십시오.

6

그 사람 앞에만 가면
어린아이처럼 굴게 될 때

애착 문제에서 오는 갈등 다루기

왜 그 사람 앞에만 가면 어린아이처럼 굴게 되는 걸까.

왜 그 사람에게 더 섭섭함을 느끼는 걸까.

친밀한 관계일수록 왜 감정이 왜곡될까.

하지만 그 사랑을 우린 자기 그릇만큼밖에는 담지 못하지.
_에밀리 디킨슨

"제 애인은 매우 당당한 사람입니다. 어려운 환경에서도 열심히 공부해서 전문직에 종사하고 있어요. 자기 관리도 열심히 해서 마라톤 완주도 거뜬히 합니다. 스타일도 멋있어서 길거리에서 같이 걸어가면 사람들이 뒤돌아보는 걸 느낄 때도 있어요. 주체적이고 멋진 사람이라서 좋아했고, 같이 살게 되었습니다. 그런데 제가 퇴근을 좀 늦게 하거나 다른 친구들과 만나고 들어오면, 화를 많이 냅니다. 회사에서 일할 때 빼고는 항상 붙어 있기를 원해요. 헤어질까 겁이 나는 건 도리어 전데, 오히려 왜 이 친구가 더 많이 집착하는 걸까요? 그렇게 당당한 사람이 저랑 있을 때면 어린아이가 됩니다. 저를 그만큼 좋아해서 그런 거겠지요? 어떻게 해주면 될까요? 애정 표현도 더 많이 해주고, 함께 오래 있어주면 될까요?"

사회적 성취와 안정감을 갖고 있는 사람도 어떤 관계에서

는 어린아이처럼 됩니다. 어린아이는 애정을 갈구하면서, 동시에 상대방이 나에게 가지고 있는 애정을 이용하기도 합니다. 타인에게 들었으면 별 감흥이 없었을 말인데 아버지가 하는 말은 평생 가슴에 남기도 합니다. 아버지로부터 인정받고 사랑받고 싶은 욕망이 깊은 곳에 있는 것입니다. 친구에게는 화도 못 내면서 어머니에게는 쉽게 화를 냅니다. 어머니가 나를 끔찍하게 아낀다는 것을 알기 때문에 그 애정을 이용하는 것입니다.

우리는 어른이 되어도 애착을 원한다

이 많은 것이 애착과 관계가 있습니다. 애착은 한 사람이 다른 사람과 맺는 특별하고도 긍정적인 정서적 유대관계를 말합니다. 존 볼비(John Bowlby)의 애착 이론에 따르면 어린 시절 부모와의 안정적 애착 경험은 성인이 된 후에 맺는 인간관계에 영향을 미칩니다. 걱정하지 마십시오. 어릴 때 애착 경험이 부족하다고 해서 인간관계나 감정 조절에 문제가 있다는 건 전혀 아닙니다. 오히려 성인이 되면 자신의 애착 경험이 부족한 것을 이겨내는 게 당연합니다.

　이 애착이라는 개념은 매우 재미있습니다. 존 볼비는 애착을 네 종류로 나누었습니다. ①안정 애착 ②양가 애착 ③회피 애착 ④혼돈 애착인데요. 크게는 안정 애착(①)과 나머지 세 개의 불안정 애착(②③④)으로 나뉩니다.

안정 애착을 갖고 있는 사람은 상대방에게 욕구 표현을 자연스럽게 합니다. 상대방이 나의 요구에 긍정적으로 대응할 것이라고 기대하기 때문입니다. '나는 이 아이스크림을 먹고 싶다'라는 욕구가 있다고 합시다. 이때 쭈뼛거리며 소극적으로 말하는 사람이 있습니다. 또는 "당신은 모르겠지만 이건 내가 정말 원하는 거야. 그러니 반드시 사줘야 해"라며 전투적인 모드로 말하는 사람도 있습니다. 반면에 자연스럽게 "전 이 아이스크림을 좋아해요"라고 말하는 경우도 있습니다.

똑같은 요구를 하는 것이라도 완전히 다르게 들릴 겁니다. 각각의 말 위에 어떤 '감정'이 올라와 있기 때문이지요. 인간이 감정선을 통해서 소통한다고 한 것은 바로 이런 의미입니다. 당연히 자연스럽게 자신의 욕구를 드러내는 쪽이 좋아 보입니다. 그 사람이 이런 자연스러운 감정의 태도를 가질 수 있는 건, 상대가 나의 말에 "그래, 그럼 너는 그걸로 해"라고 답할 거라고 예상하기 때문입니다.

반대로 "왜 그 아이스크림을 먹어? 이 아이스크림이 더 맛있어. 넌 그렇게 맛을 모르더라"라는 식의 반응이 올 거라고 예상한다면 어떻게 말하게 될까요? 그 부정적 반응 때문에 소극적으로 말하게 되겠지요. 어쩌면 먼저 공격적으로 나가게 될지도 모릅니다.

안정 애착을 가지고 있는 사람은 긍정적 자기상(象)이 발달되어 있고 정서적 독립성이 있습니다. 이런 사람에 대해 우리는 자존감이 높다고 합니다. 반면 불안정 애착을 가지고 있는 사람은 행동에 자신감이 부족하고 상대방의 반응이 부정적일 거라 기대하며, 타인에 대한 신뢰가 부족합니다.

불안정 애착도 자세히 들여다보면 저마다의 특징이 있습니다. ②양가 애착은 과도한 친밀감을 원합니다. 상대에게 의존적인데, 그러면서도 상대에 대한 신뢰가 적습니다. 이런 사람들의 특징은 과도한 감정 표현과 즉흥적인 행동입니다. 애착이 손상되거나, 손상될까 봐 두려우면 상대를 강하게 비난합니다.

사귀다 헤어지면 상대방 때문에 헤어지게 되었다면서 주변 사람들에게 상대방의 잘못을 과도하게 폭로하는 사람이 있습니다. 그러면서도 재결합을 원한다고 합니다. 이런 경우를 보신 적이 있지요?

③회피 애착의 경우 독립 욕구가 높습니다. 애정 감정을 불편해하고 친밀감의 욕구가 낮습니다. 그러다 보니 정서적 결합을 피합니다. ④혼돈 애착은 ②와 ③의 양상을 오갑니다. 두려움과 회피를 오가는 애착인 것이지요. 친밀한 관계를 혼

란스러워하며 피하면서도, 동시에 친밀감에 대한 갈망이 큽니다.

이처럼 어린아이들에게만 해당될 것 같은 '애착'은 어른들의 세계에도 중요하게 작용합니다. 설명을 덧붙이면, 존 볼비 애착 이론의 한계는 주보호자가 아이에게 어떻게 하는지에 따라 애착의 형태가 결정된다고 본 것입니다. 보호자의 책임을 강조하는 관점입니다. 그러나 사실 꼭 그런 것만은 아닙니다. 가정적이고 따뜻한 부모 밑에서 컸음에도 불안정 애착으로 연인이나 배우자를 괴롭히는 사람들이 있습니다.

왜 그 사람한테만 섭섭할까

애착이 아무 때나 문제가 되는 건 아닙니다. 아무에게나 튀어나오는 것도 아니고요. 애착 문제는 '친밀한 관계'에서 '정서 반응'으로 튀어나옵니다. 예를 들어 회사에서는 당당하고 독립적으로 잘 지내면서 유독 배우자에게 집착하는 사람이 있습니다. 다른 동료들과의 관계는 좋은데, 자신이 유독 존경하는 상사에 대해서는 더 많이 인정받으려고 과하게 행동하는 경우도 있습니다. 사적인 관계냐, 공적인 관계냐를 떠나 자신이 친밀함을 확인하고 싶은 욕망이 큰 관계에서 이런 문제가 일어납니다.

"저도 제가 어린아이 같은 행동을 한다는 걸 알아요. 그런데 회사에만 오면 자꾸 애처럼 굴게 돼요. 동창생들하고 만나서 놀거나 할 때는 별문제가 없어요. 취직이 너무 어려웠거든요. 면접까지 갔다가 수없이 떨어졌어요. 그런데 저희 과장님이 제가 면접을 볼 때부터 잘해주셨어요. 가끔 엘리베이터에서 만나면 일이 힘들지 않냐고도 물어봐주세요. 일하다가 실수를 했는데 다른 사람들 앞에서 제 편을 들어주신 적도 있어요. 회사에서도 능력을 인정받는 분이고요. 살면서 그런 분은 처음 만나봤어요. 가족들도 다들 저를 무시했는데 이렇게 관심을 받아본 건 처음이에요. 저도 그 과장님처럼 되고 싶어요. 과장님이 회사 일로 저를 지적할 때면 저를 무시하신 것 같고, 마치 어린애가 혼나는 것 같은 심정이 돼요. 눈물이 저절로 날 것 같아요. 주변 동료들은 이런 저를 잘 이해 못 해요"

인간은 어릴 때만 부모를 찾는 게 아닙니다. 신기하게도 친구 사이나 연인 사이에서도, 심지어 직장에서도 은연중에 부모처럼 '내가 사랑받고 싶은 사람' '나를 일으켜주는 사람' '나를 성장시켜주는 사람'을 찾습니다.

공식적인 정신의학 용어는 아니지만, 저는 이것을 '셀프 재양육'이라고 부릅니다. 그런데 성숙한 사람이어야 셀프 재양육 과정을 제대로 겪을 수 있습니다. 보통 정도의 성숙도로는 엄마에게 젖을 달라 요구하는 어린아이처럼 상대방에게 떼를 쓰는 방식으로 애정을 요구하게 됩니다. 시도 때도 없이 함께 있기를 바라는 연인의 경우가 그런 거죠.

셀프 재양육이 잘 진행되면 상대와 우호적인 관계를 유지하는 동시에 독립적으로 행동하게 됩니다. 자신이 원하는 것을 편안하게 상대에게 표현합니다. 만약 상대가 내가 원하는 것을 못 해준다고 할 때도 그 이유를 쉽게 납득합니다. 왜냐하면 상대를 믿기 때문이지요.

애착이 중요한 이유는 타인에 대한 신뢰를 형성하기 때문입니다. 이 험한 세상에서 사람을 쉽게 믿어도 되느냐고요? 타인을 믿지 못하는 사람은 결국 자신도 믿지 못하고, 세상도 못 믿습니다. 기본적인 정서가 '불안'이 되는 겁니다. 그리고 내가 누군가와 애착 관계를 형성했을 때 그 관계가 얼마나 지속되는가 하는 점은 상대방이 나의 요구를 언제까지 받아주느냐에 달려 있다고 생각하기 쉽습니다. 그러나 관계의 지속성은 나와 상대방이 서로를 얼마나 신뢰하고 노력하여 얼마만큼의 안정 애착의 모습을 가지느냐에 달려 있습니다.

재양육(reparenting)이라는 개념은 정신의학에서 치료자와 환자 사이에서 일어나는 일을 가리킬 때도 쓰입니다. 환자는 치료자와의 상담을 통해 자기 내면에 아직 크지 못하고 남아 있는 유아적 자아를 훈육하기도 하고 위로하기도 합니다. 그러면서 유아적 자아를 성장시키지요. 성숙한 사람들은 타인의 도움 없이 스스로 이런 일을 할 수 있습니다. 그걸 '셀프 재양육'이라고 표현한 것입니다.

양가 애착을 가지고 있는 A씨는 남자친구 문제로 힘들어합니다. '남자친구가 많이 섭섭하게 하나요?'라고 물으니 그건 아니라고 합니다. 섬세하고 자상한 성격이라 잘 챙겨준다고 합니다. 그러나 남자친구가 회사 일로 바빠 몇 시간 연락이 안 되거나, 남자친구가 퇴근 후 친한 친구들과의 술자리에 가는 경우 신경이 쓰여 남자친구를 들볶으며 힘들게 한다고 합니다. 부모도 주지 못한 분에 넘치는 사랑과 관심을 준 사람인 걸 아는데, 때때로 자신이 남자친구를 구속한다는 것을 느낀다고 합니다.

애정 관계는 인간 대 인간으로 서야 하는 것이지, 인간 대 대상으로 서는 게 아닙니다. 대상이라는 건 '내가 원하는 어떤 모습'으로 대한다는 것입니다. 상대방 그 자체를 인격적으로 사랑하고 인정하는 것이 아니라 내가 원하는 방식으로 규정해 놓고 상대방이 거기에 따라오기를 바라는 것이지요. 그런 사람들에게 상대방이란 '나를 사랑해주는 그 무엇'인 셈입니다.

아마 A씨는 사귀는 사람과 헤어지면 엄청 힘들어하겠지만, 또 다른 '자신을 사랑해주는 대상'을 찾으면 똑같은 관계 패턴을 이어나갈 겁니다.

인간 대 인간으로 선다는 건, 여러 감정이 오갈 수 있는 관계를 뜻합니다. 인간 대 인간 사이에 '좋기만 한 감정'이 오가는 게 아닙니다. 어린아이는 나를 야단치는 엄마와 나를 예뻐하는 엄마가 '같은 사람'이라는 사실에 힘들어합니다. 그러나 안정된 애착 관계가 만들어지면 이 두 사람을 통합적으로 이해할 수 있습니다. 따라서 연인이 친구와 만나서 놀다가 늦게 오더라도 '어떻게 기다리는 나를 머릿속에서 까맣게 지워버릴 수 있어? 내가 당신한테 얼마나 잘했는데!'라는 마음을 먹지 않아야 합니다. 참고로 안정적 애착을 형성한 아동들이 어떤 특징을 가지고 있는지 한번 살펴볼까요.

- 덜 의존적이고 높은 자아탄력성을 보임
- 또래 집단에 보다 적극적으로 참여하고 또래와의 상호작용에 긍정적임
- 더 높은 공감 능력을 보이고 타인의 거절에 보다 쉽게 대

응함

  - 상대로부터 따뜻한 행동을 이끌어냄

이런 사람으로 되고 싶다면 자신을 셀프 재양육 한다는 마음으로 대해봅시다. 불안한 마음에서 벗어나 독립적이지만 안정된 관계를 가질 수 있게 될 것입니다.

7

싫어도 감정 노동을
할 수밖에 없다면

일과 나를 동일시하지 않기

공적인 일만이 아니라 사적인 관계에서도
우리는 감정 노동을 한다.
어떻게 하면 이 감정 노동이 주는 스트레스에서 벗어나서,
자유로워질 수 있을까.

자신을 두고 벌어지는 경쟁으로 활기를 띠는 사회체계 속에서,
인간의 성격은 자본의 한 형태로 변형되었다.
_ 장 자크 루소

수년 전부터 '감정 노동'이라
는 말이 우리 사회에서 화제가 되고 있습니다. 예전에는 서비
스직 종사자에게만 해당되는 일이었는데, 지금은 사회 곳곳에
서 모두가 '밝고 친절하게'라는 감정 노동을 요구받고 있습니
다. 이런 문제를 해결하기 위한 장치들도 마련되고 있는 중입
니다. 카페에 가면 "이곳 직원은 누군가의 소중한 가족입니다"
와 같은 문구가 적혀 있습니다. 기업의 고객센터에 전화를 걸
어 상담을 할 때는 당연히 내용이 녹음됩니다. 곳곳에서 CCTV
로 사람을 응대하는 모습이 녹화됩니다. 감정 노동자를 보호
하기 위한 조치입니다. 그런데 나도 감정 노동자에 속할까요?

나는 감정 노동을 하는 사람일까

일단 감정 노동자들의 경우 감정 조절이 업무의 40퍼센트 이

상을 차지합니다. 특히 비행기 승무원의 경우, 여러 가지 일을 하지만 그중 밝게 웃으며 승객을 응대하는 업무가 40퍼센트를 훨씬 넘는다고 합니다. 감정 노동자는 분노, 슬픔과 같은 부정 감정을 감추고, 기쁨이나 반가움 등의 긍정 감정은 과장해서 드러내야 합니다. 무엇보다 자신의 감정이 아니라 타인의 감정에 동조하는 역할을 해야 합니다. 즉, 적극적인 감정 관리(emotional management)를 해야 합니다.

감정은 자기 내면의 자아가 보내는 신호입니다. 그 감정이 거짓이거나 억지로 꾸며낸 것일 때, 내면의 자아와 실제 자아가 나뉘게 됩니다. 자기 자신이 가짜라고 느끼게 되고, 이는 궁극적으로 자기 소외로 이어집니다.

진상 고객에게 화를 꾹 참고 회사의 방침에 따라 방긋방긋 웃으며 대응했다고 가정해봅시다. 고객이 나가면 동료들과 대화하며 그 사람의 뒷담화를 하면서 스트레스를 풉니다. 한편으로는 월급 때문에 억지로 웃어야 하는 자신에 대한 자괴감이 듭니다. 앞에서는 꼼짝도 못 하고 뒤에서 안 좋은 소리나 하는 스스로가 싫습니다.

이런 일이 반복되면 앞으로는 고객 앞에서 로봇이 되겠다고 다짐하게 됩니다. 실제로 그렇게 되어가기도 합니다. 자신의 감정은 도려내서 어딘가로 보내버리고 기계적인 미소를 띠며 고객을 응대하는 것이지요. 그런데 이렇게 하면 자기 일에 대한 감정도 함께 사라집니다. 보람이나 자부심을 느낄 수 없는 것입니다.

이런 역할을 과도하게 수행하다 보면 감정이 소진됩니다. 피로감, 우울감, 무력감, 의욕 상실, 업무에 대한 부담감과 불안 등이 나타납니다. 같은 일을 하고 있어도 자신이 처한 상황을 부정적으로 인식할수록, 자신의 능력을 낮게 지각할수록 감정 소진이 더 심합니다. 완벽주의 경향, 내성적인 성격, 낮은 자존감도 감정 소진이 심해지는 원인입니다.

감정 소진 문제를 해결하기 위해서는 우선 업무 환경이 좋아야 합니다. 일하는 사람의 역할이 모호하지 않게, 업무가 과다하지 않게, 적절한 보상이 주어지게, 소속감을 느낄 수 있게 하면서 지시 체계를 분명하게 할 때, 이와 같은 문제에 대처할 수 있습니다.

업무 환경도 중요하지만, 본질적으로 '서열의 세계관'에서 벗어나야 합니다. 미국 NASA에서 일하는 청소부들은 자긍심이 무척 높다고 합니다. '우리는 우주에 사람을 보내는 일을 하고 있다'라고 한다지요. 이처럼 혹여 남이 인정해주지 않더라도 나 스스로 일의 의미를 찾아내고, 지위나 대우를 기준으로 한 서열의 세계관으로부터 탈출해야 합니다.

인간은 두 가지로 나눌 수 있습니다. 수평적인 인간과 수직적인 인간입니다. 수평적인 세계관을 가진 사람은 기본적으로 상대방을 존중합니다. 일을 할 때도 상하 관계보다는 너와 내가 협력한다는 생각을 가지고 움직입니다. 수직적인 세계관을 가진 사람은 돈을 주는 내가 갑이고, 돈을 받는 너는 을이라고 생각합니다. 자존감이 낮은 사람들일수록 수직적 세계관을 가지고 있는 경우가 많습니다. 남과 나를 비교하고, 사람들을 줄 세우고, 나보다 잘난 사람을 질투하면서 스스로 자존감을 깎아먹습니다. 우리는 수직적인 세계관을 가진 타인에 의해 내 감정이 소진되지 않도록 해야 하고, 나 자신도 그런 세계관에서 벗어나야 합니다.

일과 나를 동일시하지 않기

감정 노동 문제를 해결하기가 쉽지 않은 이유 중 하나는 이것이 '소속감'이라는 중요한 감정과 연관되어 있기 때문입니다. 예를 들어 신입사원으로 회사에 들어가면, 오리엔테이션을 할 때부터 회사에 대한 소속감을 요구합니다. 회사는 긍정적인 면을 부각시키면서 강한 소속감을 요구합니다. 회사와 내가 운명 공동체라는 느낌까지 받을 정도입니다. 이렇게 되면 고객이 회사에 하는 불평을 곧 나 개인에 대한 불평으로 받아들이게 됩니다. 게다가 회사에서는 무조건 고객에게 사과하라고 합니다. 이럴 때 소속감에 대한 회의가 듭니다. '왜 내가 소속된 곳이 나를 보호해주지 않는가'라는 의문이 들면, 고객에게서 온 상처가 나의 소속감 전체를 부정하는 쪽으로 나아가게 됩니다.

이런 문제가 심각해지면 소속감을 버리게 됩니다. 겉으로는 회사 사람들에게 비위를 맞추면서 속으로는 욕을 하는 단계가 되는 것입니다. 고객에게도 회사에도 동료에게도, 이렇게 이중적으로 행동합니다. 회사와 나의 거리를 멀리멀리 떼어놓습니다. 매일 아침 출근해야 하는 곳이 마음으로부터 점점 멀어지게 되면, 하루하루 더 힘들어집니다.

'건전한 소속감'은 인간에게 꼭 필요한 요소입니다. NASA의 청소부 이야기를 생각해보십시오. 내가 달에 사람을 보내고 있다고 생각하며 일하는 것과 지저분한 청소 업무라고 생각하며 일하는 것은 하늘과 땅 차이입니다. 그래서 사람은 스스로 자기 직업의 의미를 긍정적으로 찾아야 합니다. 이것이 건전한 소속감을 키워주기 때문입니다.

건전한 소속감을 가지기 위해서는 내가 '다양한 정체성'을 가지고 있다고 생각해야 합니다. '멀티 아이덴티티(multi identity)'를 가지라는 겁니다. 직장에서 과도한 감정 노동을 요구받는 나는 '나 전체'가 아니라, 나의 여러 역할 중 하나에 불과합니다. 일은 소중하지만 일이 '나 자신'의 전부는 아닙니다. 특정 역할을 할 때는 상처를 받지만, 나를 구성하는 다른 정체성이 있다고 생각하면, 상처의 크기와 범위 자체를 제한할 수 있습니다. 감정 노동으로 인해 느끼게 된 부정적 정서가 특정 역할 밖으로까지 확대되지 않도록 막는 것입니다.

감정 노동을 시키는 사람의 정체는 무엇일까

안타깝게도 감정 노동의 문제는 우리가 자본주의 세상에 살고 있는 한 완전히 없어지기 어렵습니다. 예를 들어 고객에게 물을 가져다주는 일을 수행하는 건 간단합니다. 그러나 물을 가져다주면서 고객이 친절함을 듬뿍 제공받는 기분을 느끼도록 하는 일은 복잡합니다. 그래서 회사는 고객 응대에 관해 세부 사항을 정해줍니다. 물컵을 고객의 테이블 위에 올릴 때는 두 손을 이러이러하게 사용한다, 고객이 물이 차다고 하면 이러이러하게 물어보고 대응한다 등등 매우 디테일한 매뉴얼을 가지고 있습니다. 이렇게 매뉴얼이 세심해질수록 우리는 수동적인 위치에 있다고 느낍니다. 능동적으로 대처할 수 있는 여지는 점점 줄고, 감정 노동이 아니라 '사심 없는 호의'를 베풀 수 있는 능력도 줄어듭니다.

　간혹 제가 일하는 병원에서 이런 풍경이 벌어집니다. 할머니 환자분들이 옆자리에 앉은 젊은 환자분들에게 뭔가를 마구 시키는 거지요. "저기 물 좀 가져다줘"라고 하는 겁니다. 그 모습을 본 간호사들이 깜짝 놀라서 "할머니, 제가 가져다 드릴게요" 합니다. 간호사들은 할머니 환자와 농담도 나누고 더 필요한 게 없는지 먼저 여쭤보기도 합니다. 저희 병원에 환자를 대응하는 매뉴얼 같은 게 있을 리가 없습니다. 대신 간호사로서 긍지를 높이고 스스로 판단하게 하는 문화는 있습니다. 타인을 향한 호의적인 감정은 궁극적으로 자신이 '주체적'이라고 느낄 때 발동합니다.

반대로 내가 하는 일이 그다지 중요하지 않다는 생각이 들고, 내가 누군가의 부속품에 불과하다고 생각되면 방어 모드가 발동합니다. '내가 할 일'과 '내가 하지 않을 일'을 점점 더 면밀하게 구분하게 됩니다. '물을 가져다주는 건 간호사가 할 일인가 아닌가?' 이런 사소한 일에도 점점 의문이 듭니다. 이와 같은 방어적인 모드로는 감정 노동의 문제를 해결할 수 없습니다.

그러나 우리가 아무리 능동적으로 대응한다고 해도 나를 괴롭히는 진상들이 있습니다. 이런 사람들을 대할 때는 어떻게 해야 할까요? 우선 '저 사람이 좋은 사람인지 나쁜 사람인지'를 판단하지 않고, 그 사람의 행동만 파악하려고 하는 게 좋습니다. 앞에서 살펴보았듯이 행동과 감정을 분리하는 것입니다. 그러다 보면 상대의 진짜 욕구가 파악됩니다. 제가 상담했던 한 텔레마케터가 이런 말을 했습니다.

> "물건이 잘못됐다고 마구 화를 내요. 그러면 교환이나 환불을 원하시냐고 물어봐요. 그러면 또 자기가 꼭 교환이나 환불을 원하는 건 아니라고 해요. 그렇게 돌고 돌다 보면, 어느 순간 깨달음이 와요. '아, 저 사람은 항의를 해서 뭔가 다른 걸 얻고 싶은 것이구나.' 그래서 '고객 사은품으로 나온 물건이 있는데, 저희가 죄송하다는 뜻으로 발송해드리려고 합니다'라고 말해요. 그러면 '내가 꼭 그런 건 아니고…'라고 말하지만, 그렇게 발송하면 끝이에요. 처음 이 일을 시작했을 때는 그런 항의를 받으면 종일 짜증이 났어요. 고객에게 화도 많이 냈고요. 그런데 그런다고 제 스트레스가 풀리지 않더라고요. 주변 동료들과 아침부터 저녁까지 나쁜 고객에 대한 험담만 나누다 보면 내 인생 자체가 허접하게 느껴졌어요. 그래서 생각을 바꿨어요. 저 사람이 허접한 거니까 내가 거기에 너무 얽매이지 말자고. 이제는 항의하는 고객이 불쌍해 보일 때도 있어요. 인생이 참 가엾다. 오죽하면 나한테 전화해서 이 난리를 칠까. 그렇다고 해서 제가 친절한 사람은 아니에요."

이분은 적대적인 사람을 무장 해제시킬 수 있는 방법인 '욕구를 찾아서 들어주기'를 시도한 경우입니다. 사은품을 달라는 메시지를 은근히 풍기면서 과하게 화를 내며 항의를 하는 진상 고객에게 사은품을 하나 던져주어서 바로 '상황 종료'를 시키는 거죠.

뭔가 원하는 게 따로 있는 사람이 나에게 엉뚱하게 화를 낸다고 생각하면, 그 사람이 우습게 느껴집니다. 나쁜 사람을 만나면 화도 내고 싸우기도 해야 하지만, '저 사람도 자신의 나약함을 감추려고 다른 사람에게 상처를 주는구나'라고 생각하면 부정적 감정에서 벗어날 수 있는 계기가 됩니다.

인간은 다 비슷합니다. 누구나 부족하고 한계가 있다는 점에서 그렇습니다. 자신의 욕구를 채우기 위해서 노력하고, 그 욕구가 좌절되면 괴로워합니다. 그 괴로움을 자신도 어떻게 할 수 없어서 증폭시키는 것입니다. 아무리 대단한 사람이고, 성품이 좋은 사람이라고 해도, 정도의 차이는 있을 뿐 누구나 이런 면이 있습니다. 그리고 일반적으로 우리가 만나는 사람이 대단한 성인이거나 지독한 악인일 확률은 낮습니다. 고만고만한 이타성과 이기심을 가진 인간들끼리 지지고 볶고 산다고 생각하면 됩니다. 이렇게 생각하면 상대의 진상도 그리 '대단한 것'이 아닌 것처럼 보입니다.

그러니 이렇게 생각합시다. 첫째, 어떤 인간 군상을 모아놓더라도 5퍼센트 정도는 항상 돌아이입니다. 주변에 돌아이가 없다 싶으면 자기 자신이 돌아이라는 우스갯소리도 있지요. 그런 이상한 사람들 때문에 내 삶이 상처를 받을 수는 없습니다. 그런 사람들에게 내 감정이 휘둘리게 두지 맙시다.

둘째, 그 돌아이는 한 개인에 불과하다는 것을 기억합시다. 나에게 감정 노동을 시키는 사람이 어떤 집단을 대표한다고 생각하면 그로 인해 받는 상처는 더 크게 다가옵니다. 어떤 집단이 다 그 사람 같다고 생각할 필요는 없습니다. 예를 들어 특정 지역 사투리를 쓰는 사람이 나에게 화를 냈다고 해서 그걸 그 지역 사람들의 특징이라고 생각하거나, 특정 직업을 가진 사람과 갈등이 있었다고 해서 '그 일을 하는 사람들과 나는 잘 안 맞아'라고 생각하지 않는 게 좋습니다. 자라 보고 놀란 가슴 솥뚜껑 보고 놀란다고, 비슷한 조건의 사람들을 만날 때마다 부정 정서가 자동으로 발동할 수 있기 때문입니다.

사적 관계에서 감정 노동은 하지 말아야

또 하나 중요한 것은 공적 영역이 아니라 사적 영역에서의 감정 노동 문제입니다. 사적 영역에서의 감정 노동은 지속적이고 전면적인 관계에서 일어나게 됩니다. 그에 반해 직장에서 고객에게 하는 감정 노동은 일회성이고, 부분적인 관계에서 일어나는 것입니다. 부모, 친구, 연인 사이에서 상대방을 위해 감정 노동을 해야 하는 상황이 어떤 것인지 쉽게 상상할 수 있을 겁니다.

가족이기 때문에 막말을 견뎌야 하는 경우도 있습니다. 어릴 때부터 엄마에게서 아빠 험담을 듣는 감정 노동을 요구받고 자란 딸도 있습니다. 이처럼 사적 영역에서 요구되는 감정 노동은 지속적이고, 문제를 제기하기도 어렵습니다. 사적 관계에서 감정 노동에 오래 시달렸던 이들은 대인관계 자체를 부정적으로 보게 됩니다. 그러나 사적 관계도 분명히 나의 의지로 끊을 수 있습니다. 밥벌이의 문제도 아니므로 더 당당하게 항의할 수 있어야 합니다. 저항과 거리 조절이 가능한 관계라는 것입니다. 그러나 여러 감정이 섞여 있기 때문에 오히려 맺고 끊는 것이 공적 영역에서의 관계보다 더 어렵습니다.

결론을 말하자면 공적인 관계든 사적인 관계든, 감정 노동으로 인해 발생하는 문제에 잘 대처하는 사람들은 자율성과 연대성 두 가지가 높습니다. 감정 노동이 힘든 이유는 '내 마음대로 이 관계를 끊고 맺을 수 없고(자율성이 낮고)' '갑을 관계처럼 이 사람과 내가 같은 위치에 있다고 느낄 수 없기(연대성이 낮기)' 때문입니다.

이렇게 낮아진 자율성과 연대성을 높이려면, 자신을 오픈

할 수 있는 세계를 의식적으로 만들려고 노력해야 합니다. 동호회 활동을 하거나 마음이 맞는 사람들끼리 모이는 등 나를 오픈할 수 있는 세계를 만들어 연대성을 높이고, 그 안에서 자신의 자율성이 높아지는 경험을 많이 해야 합니다.

가끔 내가 소설 속 주인공처럼
느껴진다면

나의 기분을 객관적으로 바라보기

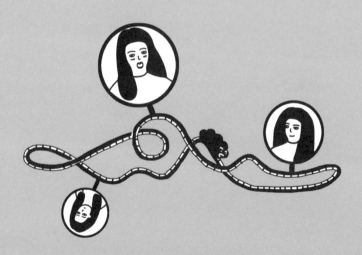

나만 불행한 것 같은 기분이 들 때가 있다.
나의 사연을 누군가에게 털어놓고 싶다.
내가 관심을 받고 싶은 걸까?
왜 이런 기분이 드는 걸까?

나만의 세계가 있다면, 모든 게 말이 안 될 거야.
_『거울 나라의 앨리스』 중에서

고통스러운 일을 겪으면 사람은 이유를 찾게 됩니다. 고통에서 벗어나려는 본능적인 움직임입니다. 그리고 흔히 비난의 화살을 돌릴 대상을 찾게 되지요. 그런 대상을 찾으면 마음이 편해집니다. 이렇게 되면 내가 해결할 일이 별로 없습니다. 모든 일의 원인은 타인에게 있기 때문입니다. 그리고 나는 가엾은 희생양이 됩니다. '나는 정말 불쌍하고 힘들어'라는 마음이 올라오고, 온통 나를 공격하는 적군으로 둘러싸여 있는 것 같습니다. 왜 이런 양상이 생길까요?

불편한 감정, 그중에서도 특히 분노와 같은 격렬한 감정이 올라오게 되면 우리는 이를 회피하고자 합니다. 그래서 분노라는 감정을 슬픔이라는 감정으로 왜곡합니다. 그리고 이 슬픔에 대한 정당성을 부여하기 위해 이야기를 쓰게 됩니다.

그중에서도 가장 쓰기 쉬운 이야기는 과거의 나로부터 지금의 나에 이르는 기나긴 연대기입니다. 어릴 때 엄마에게 혼난 일, 초등학교 시절 나를 괴롭혔던 친구, 친구와 나를 편애했던 선생님 등 나 자신에 대한 연민으로 가득한 드라마가 한 편 만들어집니다. 어느 정도의 자기 서사는 상처로부터 벗어나고자 하는 의지로 볼 수도 있지만, 이게 과해지면 문제 상황이 해결되는 게 아니라 더 복잡해집니다.

"그 친구는 항상 하소연을 길게 해요. 정말 그 친구의 말대로 유독 운이 나쁜 사람일 수도 있어요. 하지만 이야기를 들어주는 것도 한두 번이지 이제는 짜증이 나요. 자기 능력은 뛰어난데 회사가 알아주지 못한다는 이야기를 몇 년째 해요. 처음에는 위로도 해주고, 이런저런 조언도 해줬어요. 회사를 진짜 그만두고 싶은 줄 알고 새로운 회사를 소개해주기도 했어요. 그런데 정작 사표를 내지도 않아요. 어쩌겠다는 건지 모르겠어요. 어떨 때는 너무 좋은 일이 생겼다며 마구 자랑하다가 어떨 때는 갑자기 울기도 해요. 그러면 또 마음이 약해져요."

주변에서 숱하게 접하는 이야기 중 하나입니다. 일도 잘하고 능력이 좋은 사람들 중에도 이런 사람들이 꽤 있습니다. 자기에 대한 생각이 너무 많은 경우입니다. 자신의 감정을 설명하는 데만 집중하고, 정작 문제를 해결하려는 행동을 하지 않습니다. 그러다 보면 처음에는 나를 위로해주고 지지해주던 사람들도 조금씩 떠나가게 됩니다.

주변 사람을 적군과 아군으로 나누는 게 바람직한 태도는 아니지만, 군이 말한다면 아군이 많아지는 게 당연히 좋은 일입니다. 그런데 자기 감정에 너무 많은 서사를 부여하게 되면 아군이 되어줄 사람조차 떨어져 나가게 됩니다. 자신도 이런 문제가 있다는 것을 알고는 있지만 고치기가 힘듭니다.

애정 욕구의 끝판왕, 경계성 인격 장애

솔직히 누구나 이런 모습을 조금씩은 갖고 있습니다. 특히 나이가 어릴 때는 이런 경향이 강하죠. 초등학생 때를 생각해봅시다. 선생님한테 한 번 혼나면 앞으로의 인생 전체가 망한 것 같은 느낌이 듭니다. 잠들기 전에 온갖 상상을 합니다.

'학교에 가면 선생님이 나를 제대로 봐주지 않을 거야. 앞으로도 선생님은 나를 계속 괴롭힐 거야. 그러면 친구들도 나를

싫어하게 되겠지. 엄마가 이 일을 알게 되면 나를 야단치겠지. 내 편을 들어주는 사람이 아무도 없어.'

이렇게 상상이 마구 가지를 치고 퍼져나갑니다. 그러나 성장하는 과정에서 '선생님한테 혼이 났다=선생님이 나를 좋아하지 않는다=엄마도 나를 야단칠 거다' 혹은 '선생님한테 혼이 났다=선생님은 정말 나쁜 악당이다=친구들도 나를 싫어한다'가 일치하지 않는다는 것을 알게 됩니다.

나이가 어릴수록 왜 이렇게 생각하게 되는 걸까요? 어릴 때는 애정 욕구가 곧 생존 욕구이기 때문입니다. 인간은 어릴수록 전적으로 생존을 타인에게 의존합니다. 타인에게서 자발적인 돌봄의 행위를 끌어내기 위한 가장 좋은 방법은 타인에게 애정을 받는 것입니다. 그래서 어린아이의 애정 욕구는 배고프면 젖을 빠는 것처럼 본능에 가깝습니다.

사람은 누구나 애정 욕구가 있습니다. 애정 욕구가 나쁜 건 아닙니다. 인간은 가족이나 친한 지인들에게 사랑과 관심을 얻고자 하는 힘으로 많은 어려움을 이겨내기도 합니다. 애정 욕구를 바탕에 두고 남들을 보살펴주기도 합니다. 그런데 이 애정 욕구가 좌절될 경우에는 거절, 비난, 무시에 과하게 반응합니다. 그리고 이와 같은 생각을 하게 됩니다.

나는 사랑받을 수 없다, 나는 호감을 주지 못한다, 나는 달

갑지 않은 사람이다, 나는 매력적이지 않다, 나는 관심받지 못한다, 나는 나쁜 사람이다, 나는 사랑받을 가치가 없는 사람이다, 나는 별종이다, 나는 결함이 있어서 다른 사람들이 나를 사랑하지 않는다, 나는 사랑받을 만큼 충분하지 못하다, 나는 거절당하게 되어 있다, 나는 버림받게 되어 있다, 나는 외로울 수밖에 없다

이렇게 생각하게 되면 애정 욕구를 회복하기 위해서 지나치게 자기를 희생하거나 상대에게 복종하기도 합니다. 상대에게 심하게 집착하고, 끊임없이 애정을 갈구하며 확인하는 상태가 됩니다.

이런 상태가 과도해지면 성격 장애가 일어납니다. 그중 하나가 '경계성 인격 장애(borderline personality disorder)'입니다. 경계성 인격 장애를 가진 사람은 자신에 대한 평가가 어떨 때는 매우 높고, 어떨 때는 매우 낮다는 특징이 있습니다. 타인에 대한 태도도 일관적이지 않습니다. 어제는 '당신이 있어 너무 고맙다'고 애정을 표현했다가 오늘은 '왜 나를 이렇게 함부로 대하느냐'고 화를 냅니다. 정서가 불안정하고 충동적이라는 특징이 있습니다.

사람들은 경계성 인격 장애를 가진 사람을 우울증 환자로 착각하기도 합니다. 그러나 우울증 환자의 경우, 자기 안으로

조용히 숨어드는 경우가 많습니다. 그들을 구분할 수 있는 기준은 '타인을 괴롭히는가'입니다. 우울증 환자들은 에너지가 낮아서 타인에게 징징거릴 수도 없습니다. 반면 경계성 인격 장애를 가진 사람들은 타인에게 '관심을 요구하는 행동'을 과하게 합니다.

타인에게 관심을 받아야만 하므로 본인을 마음이 여리고 우울하고 보호하고 배려받아야 하는 불쌍한 위치에 둡니다. 주관적인 감정에 취해서 상황을 객관적으로 설명해야 한다는 상식도 따르지 않습니다. 이런 환자들은 자기가 겪은 경험 중에서 자신에게 유리한 부분을 선택적으로 왜곡해서 과장되게 설명하는 경우가 많습니다. 이런 증상이 너무 심해지면 때로는 상대방을 조종하기 위한 목적으로 자해나 자살 시도와 같은 행동을 하기도 합니다.

나도 사랑받고 싶다 + 나는 사랑받을 수 없다(내면 깊숙한 곳에 있는 두려움) + 이를 보상하기 위한 과도한 집착 + 자해와 같은 행동 + 타인에게 징징대기 + 타인에 대한 공감 결여 + 타인 감정 착취 = 경계성 인격 장애

이런 사람이 주변에 있으면 고쳐주려고 하지 말고, 얼른 도망가십시오. 이는 전문적인 치료의 영역이지 일개 개인이 돕

거나 해결해줄 수 있는 일이 아닙니다. 경계성 인격 장애보다는 덜하지만 타인의 관심을 갈구하는 데서 본인의 정체성을 찾는, 비슷한 부류로 연극성 인격 장애 환자들도 있습니다. 이 중에는 자신의 힘든 이야기를 많은 사람들에게 드러냄으로써 인기와 애정을 얻으려는 이들도 있습니다. SNS에서 이런 사람들을 쉽게 찾을 수 있습니다.

격렬한 감정에 사로잡힐 때

경계성 인격 장애를 가진 이들을 보면 자기 신뢰가 없고, 타인 신뢰도 없습니다. 이들은 격렬한 감정에 사로잡히는 경우가 많습니다. 이 환자들을 이해하는 것은 쉽지 않습니다. 이들은 감정의 롤러코스터를 타고 있습니다. 그것도 유튜브에 '세계에서 가장 무서운 롤러코스터 베스트 10'을 검색하면 나오는 그런 롤러코스터 말입니다. 기쁨도 슬픔도 격하게 느낍니다. 그러나 가장 격하게 느끼는 것은 나 자신이 버림받을 수 있다는 두려움입니다.

게다가 롤러코스터는 조금도 가만히 있지 않습니다. 끊임없이 오르락내리락합니다. 격정의 끝판왕이자 기복의 끝판왕이 바로 경계성 인격 장애 환자입니다. 이 롤러코스터를 돌리기 위해서는 전기가 되었든 배터리가 되었든 동력이 필요합니다. 경계성 인격 장애 환자들은 이 동력을 타인의 감정을 착취해서 얻습니다. 감정의 등가 교환이라는 것이 되지 않지요. 끊임없이 타인에게 더 많은 관심과 애정을 갈구합니다. 본인의 부정적인 감정을 타인에게 투사해서 타인을 비난합니다. 감정 조절의 미숙함을 주변 사람들에게 흩뿌리며 부정적 에너지를 퍼뜨립니다. 그래서 연인이나 배우자 혹은 부모와 자식 등 주변인들의 삶까지 황폐화시킵니다.

우리는 물론 이런 환자는 아닙니다. 그렇지만 감정의 롤러코스터를 타고, 나에 대한 소설을 쓸 때가 있습니다. 어떻게 하면 내 감정에 '서사'를 부여하지 않고 감정을 있는 그대로 설명할 수 있을까요? '소설'이 아니라 '현실'의 주인공이 되고, '과거의 주인공'이 아니라 '미래의 주인공'이 되는 것으로 나아가야 할 것 같은데 말입니다.

여기에 필요한 것이 바로 감정의 객관화입니다. 경계성 인격 장애 환자들의 경우 감정의 객관화가 안 됩니다. 어떤 때는 좋아 죽고 어떤 때는 열받아 죽고 어떤 때는 미워 죽는 것이지요. 그렇게 조절이 안 된 감정을 타인을 향해 내뿜습니다. 그러면서 '서사'를 만들어냅니다. 혼자서 막장 드라마의 주인공이 되어 온갖 안 좋은 새드 엔딩을 향해 가는 겁니다. 환자가 아님에도 이런 경향이 있는 사람들이 있습니다. 바로 자존감이 낮은 사람들입니다. 자존감을 키우려면 나와 세상을 향한 객관의 거울을 들 줄 알아야 합니다. 좋은 감정도 객관화 능력을 통해서 키울 수 있습니다.

감정의 객관화는 현실의 주인공이 되는 것입니다. 이는 인지행동 치료의 기본이기도 합니다. 파국으로 달려가려는 생각, 흑백 논리로 자신을 설명하려는 경향 등의 왜곡된 인지 지각을 살피고 이를 교정하는 것입니다.

감정의 객관화를 통해 과거의 주인공이 아니라 미래의 주인공으로 나아가기 위해서는 바로 지금 여기, 현재에 충실하면 됩니다. 많은 사람들이 과거에 얽매여서 자신의 삶을 갉아먹지요. 반대로 먼 미래만 바라보는 사람들은 현실을 살지 못하고 무조건 모든 것을 참고 견딥니다.

중요한 건 오늘의 삶에서 충만함을 느끼는 경험을 자주 해야 한다는 것입니다. 그 경험이 가능한 시스템을 만들어야 합니다. 예를 들어 혹독한 다이어트를 해서 3개월 뒤에 10킬로그램을 확 빼는 것이 미래를 사는 개념이라면, 오늘 하루 인스턴트식품 대신 건강한 음식을 먹고 매일 한 시간씩 운동을 하면서 자신을 관리하는 시스템을 만드는 겁니다. 결과가 아닌 과정 자체를 중시하는 것이지요. 이를 감정에 적용하면 순간순간의 감정에 깨어 있으며, 그 감정을 있는 그대로 들여다보는 것이라고 할 수 있습니다. 현재의 감정이 나에게 주는 신호에 충실해야 합니다.

보호막이 벗겨질 때 성장한다

이런 종류의 인지 치료적 방법이 누구에게나 통하는 것은 아닙니다. 경계성 인격 장애 환자들에게는 별로 소용이 없습니다. 타고난 기질 자체를 바꾸는 차원의 치료가 필요하기 때문입니다. 안타깝게도 이런 환자들은 치유하기가 매우 힘듭니다. 그러나 이런 환자들도 '자신을 객관화'하면서 이런 문제를 극복해나갑니다. 『잡았다, 네가 술래야』라는 책에 보면 이런 대목이 나옵니다.

> 상태가 크게 좋아진 경계인들을 3년 동안 인터뷰하면서 우리는 그들에게서 몇 가지 공통점을 발견했다. 그중 가장 중요한 것은 그들이 자신의 행동에 대한 책임감과 장애로부터의 회복에 대한 책임감을 수용했다는 점이다.

배우 위노나 라이더와 안젤리나 졸리가 등장하는 〈처음 만나는 자유〉라는 영화가 있습니다. 이 영화는 인격 경계 혼란 장애라는 병명으로 정신 요양원에 입원하게 된 주인공의 이야기를 다루고 있습니다. 여기에 이런 대사가 나옵니다. "감정의 보호막이 벗겨질 때 성장하는 순간이 있을 것이다."

온갖 스토리를 쓰면서 나와 타인, 나와 세상의 사이를 가로막는 보호막을 만드는 대신, 그 감정의 보호막을 벗겨내고 자신에 대한 건강하고 객관적인 책임감을 가질 때 우리의 감정 역량은 성장할 것입니다.

남들이 모르는 상처가 있다면
어떻게 할까

외상 후 성장으로 나아가기

아무에게도 털어놓을 수 없는 고통의 기억.
그 기억에 계속 매달리고 싶지 않다.
트라우마를 성장으로 바꾼 사람들은
어떻게 그런 일이 가능했을까.

용기란 자신이 두려워하는 것을 하는 것이다.
즉, 두려움이 없으면 용기도 없다.

_ 에디 리켄배커

　　　　　　　　　요즘 '분노 조절 장애'라는 말
을 흔하게 씁니다. 남들에게만 쓰는 게 아니라, 본인에게도 씁
니다. "나, 분노 조절 장애가 있는 것 같아"라며 장난치듯 말하는
경우를 종종 봅니다. 분노 조절 장애와 비슷하게 느껴지는 것
중에 '외상 후 격분장애(post-traumatic embitterment disorder)'
라는 게 있습니다.

외상 후 격분장애는 정신질환 진단 분류체계에 정식으로
포함된 진단명은 아닙니다. 2003년 독일의 심리학자 미하엘
린덴(Michael Linden)이 통일 이후 독일 사람들이 겪는 이상심
리 현상을 분석한 논문에 언급하면서 쓰이기 시작했습니다.
특히 옛 동독 사람들이 이러한 심리 문제를 겪고 있습니다. 자
신의 믿음이나 가치가 무시당하고 부당하게 취급될 때, 이로
인해 심각한 정신적 고통이나 충격을 받은 이후에 스스로 분
노를 다스리지 못해서 폭발하는 것입니다. 외상 후 격분장애
를 가진 사람들은 분노만 있는 게 아니라 그 안에 무력감이

있습니다. 미하엘 린덴에 의하면 이 증세는 내가 아닌 세상이 변해야 한다고 생각하고 복수하고 싶은 욕망이 있기에 치료하기도 어렵다고 합니다.

보이지 않는 상처 때문에 폭발하는 사람들

사람들에게는 각자 고통스러운 경험이 있습니다. 특히 치명적인 고통은 상처가 오래 남습니다. 겉으로는 다 나은 것처럼 보여도 여전히 느껴지는 상처가 있습니다. 마음의 통증을 느낀다는 것은 바로 '감정'으로 표출됩니다. 이것을 '외상 후 스트레스 장애(post-traumatic stress disorder, PTSD)'라고 부릅니다.

> "지금도 영화에서 폭력적인 장면을 못 봐요. 그런 장면을 보고 있으면 내가 맞았던 당시의 느낌이 생생히 올라와요. 물건들이 부딪치고 깨지는 소리, 여기저기 흩어져서 나뒹굴던 물건들, 흐느껴 울던 엄마의 울음소리, 깨진 유리를 밟고 따끔했던 발바닥… 당시 집에서의 공기와 습도까지도 느껴져요."

외상 후 스트레스 장애에서 우리가 발견할 수 있는 건 신체적 외상보다 심리적 외상이 인간의 삶에 더 큰 후유증을 남긴다는 겁니다. 특히 사람으로 인한 상처, 즉 대인 간 상처는 사고나 재난, 질병과 같은 고통으로부터 온 상처보다 훨씬 크고 오래갑니다.

이 심리적 외상은 개인적이며, 자의든 타의든 은밀히 감추어져 있는 경우가 많습니다. 앞에서 살펴본 가정폭력도 밖에서는 보이지 않는 경우가 많습니다. 정서, 특히 부정 정서가 가미된 기억은 우리의 뇌 구조에 오래 남아 두고두고 잔상으로서 떠오른다는 것이 외상 후 스트레스 장애의 핵심입니다. 성장하는 내내 엄마로부터 무시당하고 산 경우, 학교에서 왕따를 당한 경우, 그때의 일을 연상시키는 자극을 접하면 당시의 정서가 올라옵니다.

많은 이들이 실제로 크고 작은 개인적 외상 후 스트레스 장애를 많이 겪고 있습니다. 연인에게서 큰 상처를 입고 헤어진 후 수년이 지났음에도 그 사람과 함께 다니던 카페를 못 간다거나, 대학 시절 동아리에서 배척당한 경험 때문에 직장인이 되어서도 학교 앞에 가는 것조차 피하게 된다는 이야기를 많이 듣습니다. 그들은 오래전 일인데도 매우 힘들어합니다. 이런 일은 어린 시절에만 겪는 게 아닙니다. 성인이 되어서도, 나이가 많이 들어서도, 대인 간 외상을 겪을 수 있습니다.

"3년 전에 일러스트 회사에서 디자이너로 일했어요. 저를 질투하는 B가 있었어요. B는 제가 디자인을 표절했다고 거짓말했어요. 회사 사람들에게 제 얘기를 안 좋게 해서 저는 은근히 따돌림을 당했고요. 상사에게 어려움을 얘기했더니 상사도 B의 편만 들었어요. 결국 사표를 쓰고 나왔어요. 지금도 자다가 일어나 불쑥불쑥 그 생각을 해요. 혼자 밤에 울기도 해요. 낮에도 그 생각을 곱씹느라 지금 맡고 있는 작업을 제대로 하지 못할 때가 있어요."

"사귀던 친구가 헤어지면서 '너에게 실망했다'고 말했어요. 그 실망이라는 단어가 뇌리에 박혀서 안 떠납니다. 그 뒤로는 대인관계에서 자꾸 위축이 돼요. 뿐만 아니라 다른 모든 타인들에게도 내가 무슨 실수를 하지 않을까 계속 조심을 하고 살피게 됩니다. 사람에게 뒤통수를 맞을까 걱정이 되는데, 그걸 티 내기는 싫습니다. 그래서 사람들 앞에서는 밝은 척을 합니다."

이처럼 개인의 외상 후 스트레스 장애는 여러 대인관계에 영향을 미칩니다. 외상 후 스트레스 장애를 겪은 사람들은 자신에게 상처를 준 사람보다 자신의 상처를 이해해주지 못하는 이들에게 더 극심한 분노를 느끼기도 합니다. 그리고 유사한 상황에 놓이게 되면 과잉 반응을 보이지요. 자신과 비슷한 상황을 겪고 있다고 여기는 사람에게 지나치게 감정 이입을 하기도 합니다. 특정한 단어 하나에 민감하게 반응하기도 합니다. 과거에 나에게 상처를 줬던 말을 접하면 그 말만 들어도 부정 정서가 올라오는 것이지요. 그중 문제가 되는 것은 외상 후 스트레스로 인해 부정적 감정이 기본 정서로 장착되는 것입니다. 그러면 어떤 상태가 될까요?

- 세상(혹은 타인)에 대한 믿음이 없다.
- 비슷한 상황을 또 겪게 될까 항상 긴장하고 있다.
- 타인을 믿지는 않지만, 소외당할까 봐 불안해한다.

이런 상태가 되면 주변 사람들은 이렇게 반응합니다. "좋은 사람이긴 한데, 너무 예민한 것 같다." "이야기할 때 항상 방어적이다." "무엇이든 최악의 상황을 예견하고 비관적이다." 이런 말을 들으면 정말 속상합니다. 정작 가장 힘든 건 난데, 나의 힘듦이 나를 더 힘들게 하는 상황을 만들고 있는 것이지요.

그 상처를 애써 잊어버리려고 노력해도 쉽지 않습니다. 눌러두기만 한 부정적 감정은 그걸 누르는 힘이 약해지면 튀어나오기 마련입니다. 친구들과 술만 마시면 운다거나, 회식만 하면 싸운다거나 하는 사람에게는 본인이 말할 수 없는 일들이 있을지 모릅니다. 문제는 그걸 남들이 이해해주지 못한다는 것이죠.

자신에게 강해질 기회를 주자

인간은 외상 후 스트레스만 겪는 게 아니라, '외상 후 성장 (post-traumatic growth)'으로 나아갈 수 있습니다. 외상 후 성장은 정신적 충격을 주는 사건을 겪거나 심적 외상을 받은 뒤, 이를 회복하는 것뿐만 아니라 이를 통해 긍정적 변형이 일어나는 것을 말합니다. 쉽게 말하면 자신이 그 외상을 통과함으로써 성장했다고 느끼는 겁니다.

노스캐롤라이나 대학의 심리학 교수 로런스 캘훈(Laurence G. Calhoun)과 리처드 테데스키(Richard G. Tedeschi)가 개발한 외상 후 성장 척도 테스트 문안을 살펴보면, 이 긍정적 변형이 무엇인지 쉽게 이해가 됩니다. 이 문안은 네 가지의 요인을 점검합니다.

1. 자기 지각의 변화: (예) 나는 생각했던 것보다 내가 강하다는 것을 알게 되었다.
2. 대인관계의 깊이 증가: (예) 나는 이웃의 필요성을 이전보다 더 인정하게 되었다.

3. 새로운 가능성의 발견: (예) 내 삶에 대한 새로운 계획이 생겼다.

4. 영적, 종교적 관심의 증가: (예) 영적·정신적 세계에 대한 이해가 더 커졌다.

우리가 존경하는 이들, 신뢰하는 이들 중에는 외상 후 성장을 겪은 이들이 많습니다. 외상 후 성장이라고 해서 아주 대단한 성취를 이뤄야 하는 것은 아닙니다. 유대인 수용소에서 끔찍한 참상을 겪었던 빅터 프랭클(Viktor Frankl)은 하루에 한 컵 배급되는 물을 받으면 반은 마시고 반은 면도를 하는 데 썼다고 합니다. 그 어느 순간에도 자신의 존엄을 포기하지 않고 자신의 의미와 가치를 스스로 찾아내려 했던 그의 신념을 보여주는 행동이지요.

외상 후 성장은 편안함과 안락함의 단계가 아니라, 자아실현과 정신적 가치 실현의 단계입니다. 신체적, 생활적으로는 불편하고 힘든 삶일 수도 있습니다. 이런 외상 후 성장을 이루어내려면 개인의 회복탄력성을 키우는 것도 중요하지만 사회적 지지도 반드시 요구됩니다. 혼자의 힘만이 아니라 의미 있는 타인도 존재해야 하며, 자신이 속한 공동체의 뒷받침이 필요하다는 뜻입니다. 이처럼 스스로의 힘으로 상처를 극복하려고 해도 '타인에 대한 믿음'은 정말 중요합니다.

뜻밖의 재난으로 인해 극심한 정신적 외상을 입은 이들과 이야기를 나눠보면, 자원봉사자들에게서 위안을 받았다는 말을 공통으로 합니다. 아무 잘못도 없는데 느닷없이 끔찍한 고통을 당하게 되면, 세상 모든 이들이 원망스러워집니다. 그런데 자신과 특별한 관계도 없으면서 '사심 없는 호의'를 베푸는 이들을 통해 세상 속으로 다시 걸어가는 힘을 얻은 것입니다. 타인에 대한 믿음을 회복하면 누군가를 원망하고 미워하는 부정적 감정으로부터 궁극적으로 벗어나게 됩니다. 남아프리카의 흑인 인권운동가 넬슨 만델라는 27년이나 감옥에 갇혀 있었습니다. 그런 그가 감옥을 나오면서 한 유명한 말이 있습니다. "감옥을 나선 뒤에도 계속 그들을 증오한다면 여전히 감옥에 갇혀 있는 것과 같다." 벗어날 수 없는 부정적인 감정이 있다면, 내가 어떤 감옥 속에 갇혀 있는 건 아닌지, 한번 돌아봅시다.

깊지 않은 관계가 깊은 상처를 치료한다

외상 후 성장의 정도를 체크하는 문항에서도 알 수 있듯이, 외상 후 성장을 이루고 나면 대인관계를 잘 맺는 능력이 증가합니다. 긴 터널을 빠져나오는 과정에서 누군가가 비춰준 작은 불빛의 소중함을 느낍니다. 나 혼자 이런 고통 속에 사는 게 아니라 사람이라면 누구에게나 이런 고통이 숨어 있다는 데서 위안을 얻습니다. 무엇보다 내가 어떤 고통을 겪었다고 해도 그것은 나의 과거일 뿐이며 '현재의 나와 관계를 맺고 있는 당신'은 충분히 괜찮은 사람이라는 사실을 느끼게 해주는 '거울' 같은 존재가 필요합니다. 저는 이것을 '관계 경험'이라고 부릅니다.

그런 존재가 반드시 가족, 친구, 동료와 같이 아주 가까운 사람일 필요는 없습니다. 너무 가까우면 애착 관계에 대한 욕구가 올라와서 갈등을 빚기도 합니다. 사심 없는 관계는 오히려 깊지 않은 관계인 경우가 많습니다. 사심이라는 건 가족이나 연인, 친구 사이에 들어가는 말이지요. 부모는 자식이 공부를 잘하고 좋은 배우자를 만났으면 좋겠다는 사심이 있습니다. 연인은 내 남자친구나 여자친구가 나를 더 아끼고 사랑해주었으면 합니다. 친구도 마찬가지고요. 그런 사심 때문에 상대방에게 아낌없이 호의를 베풉니다. 그러나 사심이 없는 호의를 경험할 때, 더 긍정적인 감정이 생겨납니다.

이처럼 '오롯한 관계'가 가진 힘은 무척 큽니다. 오롯한 관계에서는 내가 이 사람과 어떤 사이인지 선명하게 알 수 있습니다. 내 마음을 복잡하게 하지 않는 관계, 바로 1차 정서와 2차 정서의 복잡다단한 역동이 들어가 있지 않은 관계입니다. 정서적으로 나를 복잡하게 만들지 않는 관계라는 뜻입니다.

이해가 잘 안 된다면 주변의 누군가를 떠올려봅시다. 엄마를 생각할 때 마냥 따뜻하고 좋은 사람이라는 느낌이 든다면 그건 오롯한 관계입니다. 『나의 다정하고 무례한 엄마』라는 책을 보았습니다. 우리가 부모에 대해 얼마나 복잡한 마음을 가지고 있기에 이러한 책이 나왔을까 싶습니다. 부모만이 아니라 자식이나 형제 혹은 배우자나 연인에 대해서도 우리는 양가감정을 가지는 경우가 많습니다. 가족이나 연인에 대해 가만히 생각해볼 때 딱히 복잡하지 않고 긍정적으로만 느껴진다면 그 사람은 인생에서 큰 축복을 받았다고 할 수 있습니다.

제게도 그런 사람이 있습니다. 저의 부모님을 생각하면 저는 마냥 좋습니다. 같이 갔던 놀이동산과 낚시터, 밤늦게 오는 딸을 마중 나오던 아빠와 항상 자식들에게 따뜻한 밥을 먹이려던 엄마가 떠오릅니다. 그저 감사하지요. 그러나 많은 이들이 가까운 사람들과 서로의 정서가 얽히고 얽힌 '오롯하지 못한 관계' 속에서 삽니다. 아이들이 다 크면 남편과 이혼하겠다며 벼르고 있는 중년 여성을 봤습니다. 엄마라면 징글징글하다는 딸도 있습니다.

주변에 오롯한 관계가 많아질수록 인생은 행복합니다. 다른 계산 없이 나에게 호의를 베풀어주는 사람이 많다는 뜻이니까요. 이 오롯한 관계는 너무 멀지도 가깝지도 않은 관계에서 가장 쉽게 생깁니다. 가까운 가족은 삶의 사이클을 같이 겪는 과정에서 서로 상처를 주고받을 가능성이 크기 때문입니다.

깊지 않은 관계에서 깊은 상처를 치료받을 수 있다는 사실을 믿으세요. 주변을 둘러보면 우리는 '작은 호의'를 얼마든지 경험하고 있습니다. 그것을 현재의 세계가 나를 부르는 소리라고 여겨봅시다. 그 소리가 '나는 더 이상 그 과거의 세계에 머물러 있는 사람이 아니다'라는 신호와 같다고 말입니다.

안타깝게도, 우리는 하나의 상처에서 벗어나면 또 다른 상처와 마주하게 됩니다. 비슷한 상황에 놓이면 비슷한 실수를 합니다. 사기를 당한 사람이 또 사기를 당하는 것과 같은 일들이 벌어집니다. 그런 일이 벌어지지 않으면 좋겠지만, 인생은 우리에게 도돌이표 같은 시험지를 줍니다.

그렇다고 항상 '날이 서 있는 사람' '불신으로 가득한 눈빛을 가진 사람' '무기력한 사람'이 되면, 내가 갖고 있던 많은 장점들이 다 묻혀버립니다.

실존한다는 그 느낌을 경험하기

빅터 프랭클은 수용소에서 극심한 고통을 겪은 후 로고테라피(logotherapy, 의미치료)를 창시했습니다. 자신의 인생에 긍정적이고 가치 있는 의미를 부여하도록 하는 것이 이 치료의 핵심입니다. 이 치료는 인생을 즐기는 능력뿐만 아니라, 고뇌하는 능력도 지니도록 하는 것을 목표로 합니다. '고뇌'라니 요즘 시대에는 잘 안 어울리는 말이죠. 그러나 이 고뇌하는 능력이야말로 우리의 감정 역량을 키우는 근본적인 힘입니다.

인간의 감정은 정체성과 밀접한 관련이 있습니다. 즉, 실존에 대한 자기만의 답을 찾아갈 때 인간은 심리적 안정을 느낍니다. 외상 후 스트레스가 아닌 외상 후 성장으로 나아가기 위해서는 '내 존재' 자체에 대한 책임을 느껴야 한다는 말입니다.

남이 보는 나, 세상이 대하는 나의 모습이 무엇인지에 대해서, 그 책임은 오롯이 나에게 있습니다. '나는 과연 어떤 의미를 갖고 있는가. 나의 불안은 무엇인가. 내 삶을 꾸려나간다는 건 무엇인가.' 이런 고뇌에 대한 답을 찾아나갈 때, 인생을 긍정하는 힘이 생기고 즐거움을 찾는 에너지도 생깁니다.

결국 우리는 '나는 나로 존재한다'는 경험을 자주 해야 합니다. 타인과의 '사심 없는 호의'를 나누라는 것도 '특정 이익 관계'가 아니라 오롯이 '나'로서 살아가는 경험이 중요하기 때문입니다. 심리학자 어빈 얄롬(Irvin Yalom)은 이런 말을 했습니다.

심리적인 고민은 생물학적인 유전적 근저에서 나오는 것이 아니고, 본능적 욕구의 억압으로부터 나오는 것도 아니며, 의미 있는 어른들이 보살펴주지 않고 사랑해주지 않았기 때문에 그 상처가 내재화되어 나오는 것도 아니고, 잊고 있었던 외상적 기억 때문도 아니며, 현재의 직업 위기나 다른 사람과의 관계로 인한 삶의 위기 때문도 아니다. 이런 모든 것들을 포함하여, 인간의 실존에 직면하는 것으로부터 고민은 나오는 것이다. 우리는 이 점에서 동일하며 치료자도 없고, 실존의 비극에서 면제된 사람도 없다.

우리는 현실에서 학생, 주부, 직장인, 여성, 남성, 청년, 노년 등의 존재로 규정됩니다. 그런 규정은 사회적인 위치를 말합니다. 타인과의 관계에서 발견되는 위치입니다. 저는 환자와 마주할 때만 의사입니다. 그렇지 않습니까? 제가 아이와 마주할 때는 의사이기보다는 엄마이겠지요. 이렇게 우리가 가진 많은 정체성은 내가 어떤 환경에서 어떤 관계를 갖고 있느냐에 따라 무수하게 달라집니다.

마찬가지로 '우울한 나' '밝은 나' '소극적인 나' '적극적인 나'도 그렇습니다. 환경과 타인에 의해서 이런 모습들이 더 부각되고 규정되고 만들어집니다. 실존은 이런 환경과 타인에 의해 규정되는 '이름표'를 거부하는 것이라고 생각합니다. '나는 지금 살아 있고, 이 현실을 경험하고 있고, 내 생을 책임지며, 매 순간순간 나 자신의 존재를 선택한다.' 이런 '오롯한 나'가 있음을 자주 느껴보십시오.

내가 지금 겪고 있는 고통보다 결국 '나 자신'이 더 큰 존재임을 느껴본 사람. 언젠가 이 고통으로부터 벗어날 것이라는 것을 느끼는 사람. 이런 성숙한 인간은 곳곳에 있습니다. 꼭 대단한 성취를 이룬 사람들이 아닙니다. 새벽의 거리에서 지나가는 이들에게 인사를 건네는 나이든 청소부, 푸드트럭을 운영하며 손님들을 밝게 대하는 청년 등 주위를 둘러보면 수시로 발견할 수 있습니다. 그들이 하는 일이 힘들다고 해서 그들의 삶이 불행할까요? 그들이 고통스럽기만 할까요? 그렇지 않습니다. 과거보다 오늘을 의미 있게 살고자 하며 내 삶을 책임지려 한다면, 내가 과거에 어떤 고통을 겪었더라도, 그리고 지금 내가 처한 현실이 나를 힘들게 할지라도 그것에 매이지 않고 자유로워질 수 있습니다.

무난한 사람은 리더가 되기 어렵다

타인을 공감하며 이끌기

누구에게나 호감을 사는 사람들이 있다.
그 사람 앞에서는 다들 속마음을 술술 털어놓는다.
자기 주장이 강한 사람인데 왜 다들 그 사람을 좋아할까?

자네는 눈으로 보긴 하지만 관찰하지는 않아.
그런데 본다는 것과 관찰한다는 것은 전혀 별개의 과정이지.
_셜록 홈즈

타인을 잘 이끄는 사람은 '감정 조절'을 잘하는 사람일까요? 맞습니다. 그러면 자기 감정을 잘 숨기는 사람인가요? 그렇지는 않습니다.

대니얼 골먼(Daniel Goleman)은 정서 지능(Emotional Intelligence)의 중요성을 이야기한 심리학자입니다. 대니얼 골먼 외에도 여러 심리학자들이 정서 지능에 대한 이론을 정리했습니다.

대니얼 골먼은 정서 지능의 중요성을 리더십과 연결시켰습니다. 지적 능력(IQ)이 우수하면 사회적으로 성공할 거라는 편견을 깨고 조직 안에서 관계를 어떻게 맺어가는지, 타인과 어떻게 협상하는지, 소비자나 대중과 어떻게 소통하는지가 주로 '정서'에 달려 있다는 점을 말하기 위해서였습니다. 최근에는 학업 성취도를 높이는 데도 정서 지능의 역할이 중요하다고 알려져 있습니다.

제가 아는 사람 A는 직장에서 사람들을 잘 관리하는 것으로 이름이 높았습니다. 후배 직원들은 물론이고 다른 회사 사람들과의 관계도 좋으니, 회사에서 인정을 많이 받았습니다. 딱히 부드러운 스타일도 아니고, 유머 감각이 좋지도 않고, 사람들과 자주 어울리는 성격도 아니었는데 말입니다. 그런데도 사람들은 A의 앞에만 가면 모두 솔직하게 자기 마음을 털어놓는다고 합니다. A는 상대방의 말과 행동 이면에 숨은 감정을 잘 물어보는 사람이었습니다.

예를 들어 누가 회사를 관둔다고 하면 보통은 "왜 그래? 어디 다른 데 가려고?"라며 이유부터 묻습니다. 혹은 "아니, 내가 얼마나 잘해줬는데 그만둔다는 거야? 나 섭섭하다"라는 식으로 반응합니다. 그런데 A는 이렇게 말하는 거죠. "회사를 관두겠다고 하는 사람이 표정이 왜 그래. 신나야 하는 거 아냐?" 혹은 "그러게. 그 일을 그렇게 하다 보면 나도 그만두고 싶겠다"라고요. 이렇게 상대의 마음부터 살피게 되면 상대가 방어적인 태세를 거두고 진짜 속마음을 이야기하게 된다는 것입니다.

"전 사실 팀장부터 후배들까지 잘 지내는 사람이 하나 없는 외로운 사람이었습니다. 가만히 보니까 제가 상처를 입지 않으려고 아주 방어적인 태세를 취하고 있더라고요. 아니면 친해져보려고 과하게 잘해주기도 하고요. 다행히 운 좋게 저도 팀장이 되었습니다. 그때부터 생각했죠. 우리 팀에 나 같은 사람을 만들지 말아야겠다. 그래서 상대가 날을 세우고 오면, 그렇게 하지 않아도 충분히 당신의 이야기를 잘 들어줄 거라는 말부터 하게 되더라고요. 편안하게 이야기해도 얼마나 당신이 힘든지 혹은 얼마나 고민하다가 왔는지 이해할 거라고 말이죠"

무장한 마음을 해제시키는 데 감정을 이해하는 것만큼 좋은 방법은 없습니다. 서로가 감정적 교류를 했다는 느낌이 들면 두 사람 모두의 자존감이 올라갑니다. 이런 리더십은 어떻게 만들어지는 걸까요?

감정을 잘 사용하는 사람들

정서 지능은 '감정을 감추고 통제하는 능력'이 아니라 '감정을 사용하는 능력'입니다. 그 1단계가 바로 정서를 인식하는 것입니다. '저 사람이 말은 부드럽게 해도, 이마에 주름이 가 있네. 뭔가 고민이 되거나 화가 났나 보다.' 이렇게 타인의 표정, 몸짓, 행동, 언어, 상황적 맥락을 고려해서 타인의 정서를 정확하게 파악하는 것입니다.

"엄마 분위기가 장난이 아니다. 진짜 화가 많이 났나 보다. 잘못했다가는 크게 혼나겠다. 얼른 내 방에 들어가서 조용히 숙제해야겠다."

이렇게 타인의 정서를 인식한다는 건 타인의 욕구를 파악하고 그에 맞게 내 행동을 조정하는 것입니다.

"괜찮다고 말은 하지만, 지금 이 친구는 화가 나 있다. 내일 보자고는 하는데 '오늘 일이 많지?'라고 말하는 걸 보니 오늘 만나고 싶어 하는 것 같다."

자신의 행동을 조정하는 것은 물론 상대방의 1차 정서와 2차 정서를 구분할 줄 아는 능력까지 나아갑니다. 타인의 정서를 정확하게 파악한다는 건 매우 어려운 일입니다. 상대의 감정 표현이 얼마나 정확한지, 얼마나 솔직한지를 모르기 때문입니다.

2단계는 정서를 통해서 사고를 촉진하는 것입니다. 쉽게 말해서 긍정적인 감정을 가지면 긍정적인 생각이 떠오르고, 부정적인 감정을 가지면 부정적인 생각이 난다는 것입니다.

"요즘 회의 자리에서 좋은 아이디어가 안 나온다. 회사 분위기가 안 좋은 것 같다. 하루 정도 다 같이 재미있는 영화를 보러 가거나 해야겠다."

왜 회사가 툭하면 회식을 하려고 하고, 워크숍을 개최해서 레크리에이션을 하는지 생각해봅시다. 직원들의 단합력을 키운다는 의미도 있겠지만, 조직 안에 정서적 유대감을 높이고 긍정적인 분위기를 만들기 위함입니다. 이런 리더십은 일차원적이라고 할 수 있습니다. 사실 정서를 통해 리더십을 발휘하는 건 보다 고차원적인 능력을 말합니다.

그중 하나가 '자신이 가지고 있는 감정을 끄집어내어 타인을 이해하는 데 사용하는 경우'입니다. 앞에서 말한 A는 이를 잘 활용하는 사람인 것이죠. 자신이 팀원이었을 때 느꼈던 정서를 풍부하게 기억하고 있고, 팀원들을 대할 때 이를 적용함으로써 상대를 더 정확하게 파악하려고 하는 것입니다.

이런 능력이 좋은 사람들은 사람의 감정을 '고정된 것'으로 인식하지 않습니다. 감정을 '가변적인 것'으로 생각합니다. 생각에 따라서 감정이 바뀌고, 감정에 따라서 생각이 바뀐다는 것을 알고 있습니다. 그리고 지금은 저 사람이 이런 감정을 표현하고 있지만, 5분 뒤에 또 감정이 달라질 수도 있다고 생각합니다. 그러니 사람을 대할 때 겁을 먹지 않습니다. 저 사람이 난리를 치고 있지만 10분 뒤에 잠잠해질 수도 있다면, 그 방법이 무엇일지를 생각합니다.

나도 당신도 다른 색깔의 감정선을 갖고 있다

감정을 잘 다루는 사람들은 사람마다 가지고 있는 '고유한 감정선'을 잘 이해합니다. 감정선이라는 건 얼핏 보면 그 사람의 성격처럼 보입니다. '활달하다, 조용한 스타일이다, 재기발랄하다, 신중하고 과묵하다' 등으로 표현이 되곤 합니다. 사람이 가지고 있는 기본 정서의 톤을 얘기하는 것이죠.

예를 들어 실크와 면은 다릅니다. 우선 질감이 다르고, 원료가 다릅니다. 실크는 누에고치로 만들고 면은 목화로 만듭니다. 그러나 천이라는 점은 같습니다. 둘 다 보자기를 만들 수도 있고, 옷감으로도 쓰일 수 있습니다. 하지만 실크는 면처럼 물을 잘 흡수하지는 못합니다. 면은 실크의 광택을 따라갈 수 없습니다. 이처럼 사람의 감정도 고유의 특성이 있는데, 이것을 감정선이라고 합니다.

우리는 "사람마다 생각하는 게 다를 수 있지"라는 말을 자주 씁니다. 감정도 마찬가지입니다. 똑같은 사건을 겪어도 그 사건에 대해 느끼는 감정의 정도가 누구는 약하고 누구는 강합니다. 심지어 아예 다른 감정을 느끼기도 합니다.

보편적인 감정에 공감하되 각자에게 고유한 감정선이 있음을 알고, 그 감정선을 존중하는 사람은 타인에게 호감을 삽니다. 이런 사람이 리더가 되면 모두가 좋아합니다. 사실 인간은 자기를 통제하려고 하는 사람을 좋아하지 않습니다. 타인을 통제하려는 사람의 특징은 '나와 너는 똑같아야 한다' 혹은 '너보다 능력이 좋거나, 나이가 많거나, 돈이 많거나, 힘이 센 내가 통제권을 가져야 한다'고 생각합니다. '내 감정과 네 감정은 같아야 해' 혹은 '내 감정이 옳아'라는 것을 상대에게 강요하는 사람은 호감을 갖기 어렵습니다.

그것보다는 '나는 나만의 철학이 있고, 나만의 감정이 있고, 나만의 개성이 있습니다. 그러나 그것을 당신과 솔직하게 소통하고 싶고, 당신과의 상호작용을 통해서 더 좋은 방향으로 나아가고 싶습니다'라는 태도를 가진 이들에게 우리는 더 매력을 느낍니다.

때문에 각자 '나만의 감정선'이 있다는 점을 솔직하게 인정해야 합니다. 감정선만이 아니라 감정의 영역대도 있고, 감정의 색깔도 있습니다. 이런 것들을 종합적으로 표현한 것이 흔히 말하는 '캐릭터'입니다. 연예인들을 보면 금방 느껴지는 게 있습니다. 어떤 연예인은 노력의 끝판왕처럼 보이고, 어떤 연예인은 뺀질뺀질할 것 같습니다. 누군가는 보기만 해도 도와주고 싶고, 누군가는 굉장히 영리해서 전혀 도와줄 필요가 없어 보입니다.

실제로 그 사람이 노력을 많이 하는지, 정말 밉상인지, 머리가 좋은지 우리는 정확하게 알 수 없습니다. 다만 그 사람의 말과 행동, 표정 등을 통해 그 사람이 가진 '고유한 감정선'을 읽는 것입니다. 그리고 거기에 나도 감정적으로 반응합니다. 가장 기본적인 반응은 '좋다' 혹은 '싫다'겠지요.

어떤 감정선을 가진 사람이 사람들로부터 호감을 살까요? 그건 상황에 따라 다릅니다. 역사 속 위인들을 보면 알 수 있습니다. 안정적인 시기에는 황희 정승 같은 사람이 리더가 되었을 것이고, 격변하는 시기에는 한명회 같은 사람이 리더가 되었겠지요. 현대 사회는 어떨까요? 점점 더 일대일 커뮤니케이션이 중요해지고 있습니다. 리더십에서 감정적 소통의 중요성이 커지고 있습니다. 때문에 각자 고유한 감정선이 다를 순 있어도 자신의 감정을 숨기거나 타인의 감정에만 맞추려고 해서는 세상을 살아가기 어렵습니다.

무난한 사람은 리더가 되기 어렵다

자신의 감정선이 약한 사람을 우리는 '무난한 사람'이라고 말합니다. 조직에는 무난한 사람도 필요합니다. 이런 사람들은 다양한 감정선을 가진 사람들을 중간에서 이어 붙이는 접착제 같은 역할을 하니까요.

하지만 무난한 사람은 리더가 되기 어렵습니다. 리더란 타인의 마음을 끌어당겨야 합니다. 즉, 호불호가 있어야 한다는 겁니다. 그래야 존재감이 생깁니다. 사람들은 자신의 감정선이 분명한 사람을 좋아합니다. '캐릭터가 분명하네'라는 느낌이 들어야 매력도 느낍니다. 자기의 감정에는 솔직하지 못하고 남의 감정에만 맞추다가 도리어 손해를 보는 이들도 많습니다.

여러 사람들이 모인 자리에서 A라는 사람에 대한 안 좋은 말이 나왔습니다. 나는 그곳에서 별말을 하지 않았습니다. 그냥 조용히 있었습니다. 그런데 나중에 A로부터 '왜 나를 욕했냐'는 항의를 받습니다. 억울하지요.

이번에는 회사 지침에 항의할 일이 생겨 직원들이 모두 모였습니다. 그런데 내 생각에는 그게 이렇게까지 항의할 일인지 잘 모르겠습니다. 그래서 무표정한 얼굴로 앉아 있습니다. 이렇게 되면 다른 직원들은 '저 사람은 자기 속내를 안 보여주네? 저 사람이랑은 같이 일을 도모하지 못하겠다'고 느끼게 됩니다. 그 뒤로는 어떤 일을 이야기할 때, 나를 잘 끼어주지 않습니다. 자기주장이 약할 수는 있지만, 적어도 자신의 감정을 드러내는 데는 솔직해야 합니다. 나아가 다른 사람의 감정과 그 속에 숨은 욕구를 잘 이해하는 사람이 리더가 됩니다.

리더가 되려면 집단의 감정도 잘 파악해야 합니다. 예를 들어 집단 전체가 어떤 일을 극렬하게 반대한다고 할 때, 표면적으로 내세우는 이유 뒤에 다른 이유가 있을 수 있습니다. 그 이유를 알아내야 합니다. 겉으로 보이는 분노만 보고 '저 사람들은 말이 안 통해'라고 단정해버리면, 결국 그 문제를 해결하지 못할 겁니다. 리더십은 생겨나지 않습니다.

때문에 리더십을 키우려면 집단을 대할 때도 사실과 감정을 분리할 줄 알아야 합니다. 그래야만 그 상황 전체를 이해하고 핵심을 발견할 수 있습니다. 개인만이 아니라 집단을 설득할 때도 감정의 변화가 일어날 수 있다는 믿음을 가지고 소통하는 게 중요합니다.

집단의 감정을 잘 읽어내는 능력은 내가 집단 정서에 이용당하지 않기 위해서도 꼭 필요합니다. 사회의 모든 집단은 '목적'이 있습니다. 그 목적을 위해서 '명분'이라는 것을 사용합니다. 예를 들어 회사의 목적은 이익 추구입니다. 누군가가 자기의 몫을 해내지 못한다면 권고사직을 당하겠지요. 해고할 명분을 만들기 위해 시말서를 세 번 이상 받아낼 것입니다. 혹은 오지로 발령을 내면서 스스로 사직서를 내도록 만들기도 합니다. 동창 모임이나 수영 모임 등 사적인 모임의 목적은 '친목 도모'입니다. 종교 단체의 목적은 '신앙'입니다. 이 모든 목적을 위해서 명분을 세우고, 그 명분의 정당성을 확보하기 위해 '집단 정서'라는 것을 만들어냅니다. 그리고 그 집단 정서에 안 맞는 사람들은 스스로 나가게 하거나 쫓아냅니다.

중학교에서 야구를 하는 아들을 둔 어머니의 일화가 생각납니다. 중학교 3학년 학생들이 후배들을 모아 기합을 쳤다고 합니다. 절대 과하게 한 건 아니었고, 운동시간을 잘 지키고 감독님과 코치님 말씀을 잘 듣자며 자기들끼리 규율을 잡아본 것이었습니다.

그런데 1학년 학부모 한 명이 이 사실을 교육청에 고발합니다. 여기서 의문이 생깁니다. 왜 감독, 코치, 학교장에게 말하지 않고 바로 교육청에 이야기를 했을까요. 보통은 내부에서 해결해본 다음에, 그게 안 될 경우 상부나 외부로 도움을 청하기 마련입니다. 이유는 곧 밝혀졌습니다. 그 학부모가 감독에게 불만을 가지고 있던 것입니다. 다른 감독이 왔으면 하고 바라던 중에 마침 계기가 생긴 셈이지요. 집단적인 감정을 부추겨서 상황을 실제보다 더 부풀렸던 것입니다.

저는 집단 정서는 긍정적이지 않은 경우가 많다고 생각합니다. 기본적으로 정서는 개별성을 갖고 있고, 그게 존중되어야만 하기 때문입니다. 그러나 개인은 약하니 종종 집단 정서에 이용당하기도 합니다. 잘못된 집단 정서에 휘둘리지 않는 것도 리더가 되기 위해 꼭 필요한 일입니다.

어쨌든 기본적으로 집단의 정서를 빠르게 캐치하는 게 리더의 역량입니다. 예를 들어볼까요.

불안하다＝우리가 하는 일이 시대에 뒤떨어지는 것 같기 때문이구나.

화가 난다＝이건 불합리한 일이다. 바꾸자고 주장해야 하는 일이다.

이렇게 빠르게 '눈치'채는 사람을 부하들이 따르고 좋아합니다. 부서끼리 충돌할 경우 확실하게 자기 팀원을 챙길 줄 아는 리더와 좋은 게 좋은 거라고 하면서 늘 양보하는 리더가 있다면 누구 밑에서 일하고 싶은가요? 당연히 전자이겠지요. '이성적으로 판단해야 한다'라는 말만 내세우고 '저 부서에도 입장이 있으니 네가 참아라' 하면서 달래기만 한다면 팀원들은 점점 더 수동적으로 변할 것입니다. 그리고 어떤 일이 있어도 리더에게 이야기하지 않게 될 것입니다.

또한 리더는 정서의 여러 가지 측면을 활용할 줄 알아야 합니다. 정서에 따라 촉진되는 사고도 다르기 때문입니다. 기쁨과 같은 정서가 직관적이고 창의적인 사고를 촉진시킨다면, 슬픔과 같은 정서는 세부적이고 신중한 사고를 촉진시킵니다. 양쪽 정서 모두 장점이 있습니다. 리더가 될수록 감정 능력을 키워서 여러 가지 상황에 주도적으로 대처해야 합니다.

내가 사람들의 동기를 갉아먹고 있는 건 아닌가

> 일리노이 대학교의 심리학자 라슨(J. R. Larson)은 이렇게 지적한다. "상사가 자기 감정을 즉각 표현하지 않으면, 이 때문에 직원들은 서서히 좌절감이 쌓이게 된다. 그러다 어느 날 격분하는 것이다. 만일 제대로 된 비판이 있었다면 그 직원은 문제를 해결할 수 있었을 것이다. 꼭 상황이 폭발하기 직전에만, 너무 화가 나서 자제할 수 없을 때만 비판하는 경우가 매우 많다. (중략) 이러한 접근은 동기를 유발하는 최악의 방식이다."

대니얼 골먼의 저서 『정서 지능』에 나오는 내용입니다. 리더십에서 감정 능력이 중요한 것은 정서가 동기 부여의 힘과 관련이 크기 때문입니다. 동기 부여는 두 가지 측면이 있습니다. 나에게 동기 부여를 하는 것, 타인에게 동기 부여를 하는 것입니다.

내가 나에게 동기를 부여할 때 우리는 어떻게 하나요? "잘될 거야. 한번 해보자." "이 일은 가치 있는 일이야. 해낼 수 있어." "이건 정말 새로운 일이야. 진짜 재미있을 것 같아." 이런 말로 자신감을 불러일으킵니다. 여기에는 여러 가지 긍정 정서가 바탕에 깔려 있습니다.

긍정 정서를 바탕으로 스스로 동기 부여를 할 줄 아는 사람을 볼 때, 우리는 그에 대한 신뢰가 생겨나고 따르고 싶어집니다. 타인에게 동기를 부여하고 싶다면, 자기부터 긍정 정서 위에서 동기를 유발하는 법을 알아야 합니다. 동기 부여는 반드시 긍정적인 정서 위에서 이루어져야만 효과가 있습니다. 그렇다면 어떻게 동기를 부여해야 할까요?

동기는 외재적 동기와 내재적 동기로 나뉩니다. 외재적 동기는 상, 칭찬, 명예, 돈, 지위 등의 외적 보상을 얻기 위해 행동하게 하는 것을 말합니다. 반면 내재적 동기는 외적 보상과 상관없이 일 자체에 참여하고 싶어지는 것입니다. 내재적 동기는 심리적 성장과 자기실현의 욕구를 반영합니다.

내적인 만족을 얻고 있는 활동에 외적 보상을 주게 되면 그 활동에 대한 내재적 동기가 감소하게 됩니다. 이를 과잉정당화(overjustification)라고 합니다. 성적표를 잘 받아 오면 용돈을 주는 것 같은 일이 전형적인 과잉정당화이지요.

외재적 동기보다 내재적 동기가 높은 사람이 업무 성과, 끈기, 창의성, 자존감, 활기, 행복도가 높습니다. 내재적 동기는 세 가지로 구성됩니다. 환경에 효과적으로 대응할 수 있는 유능성, 지지하고 지지받는 인간관계를 형성하는 관계성, 독립적이고 자주적인 결정을 내릴 수 있는 자율성입니다.

조직의 리더가 되고자 하는 이들이 구성원들로부터 끌어내야 할 감정이 바로 이런 것들이겠지요. '내가 어떠한 일에 대응할 수 있다. 나는 지지받고 있다. 나는 자율적이다.' 구성원들로 하여금 이런 세 가지 감정을 느낄 수 있도록 조직을 잘 운용하는 사람이 있다면, 우리는 그 사람의 리더십이 강하다고 느낍니다.

리더가 된다는 건 사람을 통제하고 관리하는 일이 아닙니다. 그건 리더라는 위치 때문에 사람들이 '따르는 척'하는 것에 불과합니다. 리더십이란 위기의 상황에서 사람으로부터 용기를 얻고, 어려운 상황에서 사람으로부터 자원을 만들어내는 힘을 말합니다. 그에 필요한 소통 능력, 공감 능력, 자아 확장력 등은 모두 감정 능력의 핵심이라고 할 수 있습니다.

까칠하게 대하는 게
마냥 좋은 걸까

감정 조절 능력 높이기

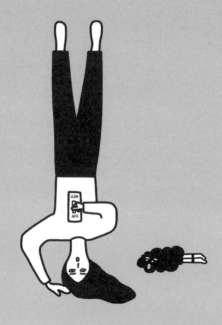

목소리를 높이고 있을 때, 이미 속으로는 알고 있다.
'이러면 안 된다'고. 그런데 왜 그게 잘 안 되는 걸까.
어떻게 해야 성숙하게 나를 표현할 수 있을까.

눈물 흘리지 마라, 화내지 마라. 이해하라.
_ 바뤼흐 스피노자

"누군가에게 화가 났을 때 적
당한 사람에게 적당한 정도로 적당한 시기에 적당한 의도를
가지고 적당한 방식으로 화를 내는 것은 쉽지 않다." 심리학자
레슬리 그린버그(Leslie S. Greenberg)가 한 말입니다.

"흥분하지 않고 이야기하고 싶은데, 이야기를 하다 보면 계
속 목소리가 올라갑니다. 말하는 저도 알고 있습니다. '이건
망했다.' 그런데 이게 조절이 잘 안 됩니다."

왜 이런 실수를 하게 되는 걸까요? 내가 유난히 감정 기복
이 심한 사람이라서 그런 걸까요? 감정 기복이 심하다는 건
과연 무슨 뜻일까요? 감정 기복으로 정신건강의학과에서 치
료를 받는 경우도 있습니다. 아침에 과도하게 기분이 좋았다
가 저녁에는 과도하게 우울해지는 사람들입니다. 흔히 '조울
증'이라고 하는 양극성 장애를 앓는 환자들이지요. 이들은 조

현병 환자들처럼 약물 치료가 중요합니다.

어느 정도의 감정 기복은 누구에게나 있습니다. 다만 그 강도, 빈도, 지속 시간이 과해 일상생활에 지장이 생길 정도면 문제가 됩니다. 적절한 감정 조절 능력이 떨어져 인간관계, 사회생활 등 여러 면에서 적응을 잘 못하는 경우지요. 감정 기복이 심한 것보다 감정 조절이 잘 안 되는 게 더 문제입니다.

너는 네 감정도 조절 못 하니?

감정 조절이 어려운 이유는 어찌 보면 아주 단순합니다. 정서가 잘 조절되지 않아 문제일 때는 언제일까 생각해봅시다. 바로 '기분이 나쁠 때'입니다. 기분이 좋을 때는 별 문제가 안 되지요. 그런데 기분이 나쁘면 모든 일이 엉망이 됩니다.

누가 인사를 해도 짜증이 나고, 친구가 별말 하지 않았는데도 화를 내게 됩니다. 중요한 회의 자리에서 입을 꾹 다물고 있습니다. 좋지 않은 기분을 풀기 위해 필요하지 않은 물건을 사고, 과식이나 과음을 합니다. 잘하고 있던 일을 망치기도 하며, 심지어 아끼는 물건을 일부러 망가뜨리기도 합니다. 뒤늦게 후회해도 소용이 없습니다. 망가진 물건을 다시 사려니 돈이 듭니다. 회의 중에 입을 다물고 있었다는 이유로 상사는 내가 하고 싶었던 일을 다른 동료에게 시킵니다.

물론 기분이 나쁜 이유가 있습니다. 안타깝지만, 그 이유가 해결되지 않더라도 사람을 만나고, 일을 해야 합니다. 기분이 나쁜 채로 있으면, 상대방은 내 기분을 이해하지 못하고 일은 망가집니다. 그러면 감정을 억누르는 법을 배워야 할까요?

사람들은 타인에게 '너는 네 감정도 잘 억누르지 못하느냐'는 질책을 쉽게 합니다. 그러나 통제(control)와 조절(regulation)은 좀 다릅니다. 통제가 감정을 억제하는 쪽이라면, 조절은 억제뿐만 아니라 표현하고 발산하는 것까지 포함하는 광범위한 개념입니다. 우리가 갖춰야 하는 감정 능력은 '조절'입니다.

감정 조절과 방어도 착각합니다. '방어적'이 된다는 것은 문제를 회피하거나 과도하게 경계하는 것을 말합니다. 정신의학에서 말하는 방어기제가 이것입니다. 비슷합니다. 예를 들어 '투사'라는 방어기제는 자신이 품고 있는 공격적인 계획과 충동을 남의 것이라고 여기는 현상입니다. 불안에 사로잡혀 있는 사람이 타인을 보면서 '저 사람은 나에게 적대적이다'라고 판단합니다.

감정 조절은 부정적 정서와 긍정적 정서를 모두 포함하며, 무의식적인 과정과 의식적인 과정 모두를 말합니다. 대니얼 골먼과 함께 '정서 지능'의 중요성을 이야기한 피터 샐로비(Peter Salovey)와 존 메이어(John Mayer)는 정서 지능을 네 개의 차원으로 나눕니다. 이 중에서 '정서 조절'은 마지막 네 번째 차원에 속하는 고차원적인 능력입니다. 정서 조절 능력은 다시 네 단계로 나눕니다.

1단계 정서를 받아들이고 이에 반응하는 능력
2단계 정서적 상황에 개입, 지속, 초연할 수 있는 능력
3단계 정서를 반영적으로 평가하는 능력
4단계 자신과 타인의 정서를 조절하는 능력

단계별로 자세히 살펴볼까요. 1단계, 정서를 받아들이고 이에 반응하는 능력은 어떤 걸까요?

왜 이렇게 화가 나지? 화가 나선 안 되는데.
→ 아, 내가 ~해서 화가 나 있구나. 그럴 수 있지.

불안하면 안 되는데 왜 자꾸 불안하지.
→ 그래, 이러한 상황에서 불안한 것은 당연한 일이야.

이렇게 정서를 온전히 받아들이는 것입니다. 이 단계를 거치면 긍정적인 정서든 부정적인 정서든 일단 '내 손 안에' 쥐어진 것이라는 느낌이 듭니다. 이미 일어난 정서를 억지로 회피

하면 감정 조절이 더 어려워집니다. 감정을 느끼고 있다는 것을 인정하고 수용해야 합니다. 이것이 정서의 타당화입니다.

2단계, 정서적 상황에 개입하는 것입니다. 어떻게 하면 될까요? 이미 이야기한 적이 있습니다. 바로 감정과 행동을 구별하는 것입니다. 그러려면 자신에게 이런 질문을 해봐야 합니다.

"이 감정이 지금 나에게 유익한가?"

이런 질문을 통해 정서를 표현할지, 차단할지를 판단할 수 있습니다. 즉, 감정이 행위로부터 분리될 수 있음을 깨닫는 것이지요.

어떤 감정을 느끼는 것과 그것을 필터 없이 표현하는 것은 다릅니다. 어린아이는 화가 나면 신경질을 부리고 소리를 지르며 슬프게 웁니다. 어른이 되면 그러지 않죠. 화가 난다고 해도 이를 행동화 할 때는 필터가 작용합니다. 그런데 어른이 돼도 감정과 행동을 구별하지 못하는 경우가 많습니다. "화가 나서 소리를 지른 건데 뭐가 잘못이야?"라고 하는 거죠. 그래서는 감정이 조절되지 않습니다. '화가 나지만, 지금 저 사람을 비난하는 건 나에게 이롭지 않아. 다른 방법을 찾아보자.' 정서와 행동을 구별하면 이런 판단을 내릴 수 있습니다.

3단계, 내 정서가 타인에게 어떻게 비칠지 이해하고, 타인에게 미치는 영향을 평가합니다. '내가 어제 신경질을 내서 저 사람이 지금까지도 불쾌한 거구나. 그래서 내 의견에 반대하고 있구나.'

이처럼 자신과 주변 환경 사이에서 정서가 어떤 행동을 일으키고, 그로 인해 어떤 결과가 일어나는지를 '읽어내는 능력'이 필요합니다. 이를 정서적 문해력(emotional literacy)이라고 합니다. '정서적 교양'이라고 표현하기도 하지요. '문학적 교양이 높다, 음악에 조예가 깊다'고 말하는 것처럼 정서에 대한 이해가 높은 상태를 뜻합니다.

4단계에 이르면 드디어 자신의 감정과 타인의 감정을 조절하는 데까지 나아가게 됩니다. 내 감정이 사회적으로, 문화적으로 잘 수용될 수 있는 방법을 찾아 조절하는 것이지요.

회사에서 팀장이 나에 대해 부당한 평가를 했다는 사실을 알았습니다. 분노가 올라옵니다. 당장 인사팀에 뛰어가서 팀장을 비난하고, 항의하고 싶습니다. 그런데 무턱대고 그랬다가는 인사팀에서 '저 사람은 공적인 평가를 사적인 문제로 받아들이는군. 너무 감정적이다'라고 반응할 수 있습니다. 따라서 '이 분노가 어떻게 나에게 유익한 행동으로 이어질 수 있을까? 인사팀을 내 편으로 만들기 위해서는 어떤 감정을 드러내며 어떤 식으로 내 생각을 전달해야 할까'라는 생각을 해야 합니다.

정서 조절 능력이 높은 사람들은 당당하고 강해 보입니다.

사실 약하고 힘이 없는 사람일수록 자신을 보호하고, 자기 편을 만들 수 있는 정서 조절 능력을 꼭 가져야 합니다. 그리고 여러 번 이야기했듯이 '정서'는 주관적입니다. 내가 파악해야 할 것은 나를 둘러싼 '객관적 사실'입니다. 알고 보니 팀장이 모든 팀원들에게 낮은 평가를 주었다는 사실을 발견할 수도 있습니다. 나에게만 그런 평가를 내린 게 아니라는 사실을 아는 것과 모르는 것은 분명 다릅니다. 감정이 먼저 폭발하면 이런 객관적 사실을 파악하기 어렵습니다.

이 4단계에서 흔히 말하는 '평판'이 쌓입니다. 우리가 겪게 되는 온갖 문제들을 잘 들여다보면 대부분 평판과 명분의 싸움입니다. 특히 내가 불리한 위치에 있을 때는 이 두 가지를 잘 만들어야 합니다. 그걸 잘 만드는 능력도 정서 조절을 통해서 키울 수 있습니다.

분명하게 나를 표현하는 법

사실 흥분하지 않고 표현하는 것만 잘해도 내 감정을 남에게 잘 이해시킬 수 있고, 내가 원하는 바를 얻을 수 있습니다. 나를 표현하는 건 주로 말과 글을 통해 이루어집니다. 그래서 많은 사람들이 대화법 책, 글쓰기 책을 꾸준히 찾습니다. 그러면 어떤 표현, 어떤 말, 어떤 질문을 사용해야 스스로를 잘 표현할 수 있을까요? 어떤 습관을 가지면 이런 표현 능력이 커질까요? 이런 질문에 대한 답으로 저는 '비폭력 대화법'을 이야기해줍니다. 그 핵심을 요약하면 다음과 같습니다.

관찰한 사실을 표현하기: 판단을 섞지 않고 있는 그대로의 상황과 사실을 말합니다.

예) 당신이 지금 힘들다고 하는 말을 들으니….

느낌과 감정을 표현하기: 나의 느낌을 솔직하게 말합니다.

예) 걱정이 되네요.

욕구와 필요를 표현하기: 내가 필요로 하는 것을 말합니다.

예) 내가 도와주었으면 하는데.

요청과 부탁을 표현하기: 지금 할 수 있는 것을 구체적으로 요구합니다.

예) 무엇을 해야 좋을지 얘기해줄래요?

나의 욕구를 표현하는 것도 중요하지만, 상대의 요청을 거절해야 할 때도 있습니다. 그럴 때는 어떻게 해야 할까요? 다음의 세 가지 목표를 떠올리고, 이를 표현합니다.

1. 상대방이 필요로 하는 걸 정확하게 알자.
2. 내 입장을 있는 그대로 전달하자.
3. 분명하게 거절하자.

"대신 야근을 해달라는 거로군요(상대방의 필요를 알아주기). 그런데 내가 오늘 선약이 있어서(나의 입장 전달하기) 그 부탁은 안 되겠네요(거절하기)." 이 세 가지 목표는 내 감정의 '한계'를 설정합니다. 이렇게 하면 쓸데없는 정서가 안 생깁니다. 한계를 정하지 않으면 생각과 정서가 마구 확장됩니다.

'날 뭘로 보고 야근을 대신 부탁하는 거지? 내가 호구로 보이나?' '이 부탁을 안 들어주면 나를 싫어하게 될까?' '나도 나중에 야근을 부탁해야 할 때가 있을 텐데, 지금 자기 부탁을 안 들어줬다고 나중에 내 부탁도 안 들어주면 어떻게 하지?' '나쁜 동료가 되고 싶지 않아.' '그래, 저 사람도 얼마나 힘들겠어.' 이런 식으로 생각을 확대하지 않는 게 좋습니다.

마음속에서 즉각적으로 올라오는 감정을 조절한다는 것은 말처럼 쉽지 않습니다. '내 감정을 잘 조절해야지'라고 아무리 생각해도 잘 되지 않지요. 그럴 때는 어떻게 해야 할까요? 아이들을 지켜보면 감정 조절을 잘하는 친구들이 있습니다. 어른도 아닌데, 어떻게 그렇게 감정 조절을 해낼 수 있을까요? 『아이의 정서 지능』이라는 책에는 이런 대목이 나옵니다.

> 박윤조 박사는 그 이유를 이렇게 설명했다. "정서 지능이 높은 아이들은 즉각적인 충동이나 좌절을 잘 조절하고 이겨낼 수 있습니다. 단순히 자신의 감정을 억누르는 게 아닙니다. 더 큰 만족이나 목표를 생각하면서 순간의 충동을 참아내는 겁니다."

결국 흥분하지 않고 자신을 잘 표현하려면 '다음'을 생각해야 합니다. '미래지향적'인 사고를 해야 한다는 말이지요. 유대교 경전 『미드라쉬』에는 "이 또한 지나가리라"라는 말이 있습니다. 그러니 이런 생각을 해봅시다.

- 이건 잠깐 지나가는 상황이다. 다음을 생각하자.
- 저 사람은 결국 타인이다. 중요한 건 나 자신이다.
- 지금 이것이 과연 중요한 일인가. 이보다 더 중요하고 큰 일이 많다.
- 이 감정을 잠깐 참으면 더 좋은 일을 따낼 수 있다.

이런 생각을 통해 감정 능력을 키울 수 있습니다.

(12)

센스 있게 분위기를
잘 바꾸는 사람의 비밀

도구적 정서 활용하기

살다 보면 배우처럼 연기를 할 때가 있다.
이건 가식적인 게 아닐까? 진실하지 않은 게 아닐까?
기분에도 연기가 필요한 이유가 뭘까.

당신은 마음을 바꿀 권리가 있다.

_ 마누엘 스미스

리처드 라자루스(Richard Lazarus)는 스트레스 연구로 유명한 미국의 심리학자입니다. 라자루스는 사람들이 스트레스를 마주하게 되면 두 가지 방식으로 대처한다고 말합니다.

문제 초점적 대처: 문제나 상황 자체를 변화시키기 위한 시도

정서 초점적 대처: 정서적 고통을 줄이기 위한 활동

저는 두 번째 대처 방식에 먼저 주목합니다. 우리가 겪고 있는 문제나 상황 자체를 바꾸는 첫 번째 대처 방법은 매우 힘든 일입니다. 동생이 나를 자꾸 괴롭힌다고 해서 동생을 버리거나 동생의 행동을 한순간에 바꿀 수는 없으니까요. 그보다는 문제나 상황에서 오는 정서를 완화시키는 것이 더 영리한 일일 것입니다. '아직 철이 없다고 생각하자. 내가 진상 고객도 참는데 동생 하나 못 참겠어' 또는 '동생이 나를 좋아해

서 같이 놀아달라고 저러는구나'라고 다르게 생각하는 것입니다.

정서 초점적 대처는 자신이 처한 상황이나 문제로 유발된 정서적 반응을 조절하기 위한 활동 전반을 말합니다. 회피하기, 선택적 주의, 긍정적 측면 보기, 인지적 재평가 등이 여기에 해당합니다.

라자루스는 같은 스트레스 요인이라 하더라도 사람에 따라 부정적 스트레스로 받아들이기도, 긍정적 스트레스로 받아들이기도 한다고 말합니다. 이 중 긍정적 스트레스는 생산성과 창의성을 높이는 역할을 하기도 합니다.

예를 들면 이런 것입니다. 기말시험이 다가옵니다. 불안하고 초조합니다. 그렇다고 멘탈이 붕괴되어 공부를 아예 포기하면 안 되겠지요. 살짝 불안하고 초조한 스트레스를 이용해 공부를 더 열심히 하게 될 수도 있습니다. 시험이라는 스트레스 요인을 긍정적 스트레스로 받아들이면 '공부를 열심히 해야겠다'는 동기 부여로 이어져 공부가 더 잘되는 효과를 얻을 수 있습니다.

이처럼 일상에서 적절한 스트레스를 활용하는 건 좋은 방법입니다. 스트레스를 해소한다는 건 스트레스 자체를 없애는 게 아니라 부정적 정서를 적절한 정도로 조절하고, 그것이 긍정적으로 기능하게 만드는 일이라는 거죠.

저는 이것이 정서적 문제를 다루는 영리한 접근법이라고 생각합니다. 이런 영리한 접근법 중 하나로 '도구적 정서 (instrumental emotion)'라는 게 있습니다. 도구적 정서는 정서 중심 치료(emotionally focused therapy)의 대표 주자인 레슬리 그린버그가 창안한 개념입니다.

만들어진 감정을 활용하기

도구적 정서라는 것은 목적한 바를 위해 의도적으로 만들어 낸 정서를 말합니다. 주로 사회적 관계, 대인관계에서 사용되지요.

예를 들어 잘못된 보고서를 쓴 직원은 이 사태를 해결하기 위해 상사 앞에서 죄송함, 난처함, 곤란함을 최대한 전달하려고 합니다. 또한 의견이 다른 사람과 기싸움을 하는 과정에서 보다 유리한 고지를 점령하기 위해 엄청나게 분노하는 것처럼 연기하는 사람도 있습니다. 이처럼 타인에게 영향력을 행사하기 위한 목적을 지니고 표현하는 정서가 바로 도구적 정서입니다.

'감정을 연기한다'라고 표현하면 쉽게 이해가 될 것입니다. 도구적 정서는 '감정의 페르소나'라고 할 수 있습니다. 심리학자 융의 개념인 페르소나는 그리스어로 '가면'이라는 뜻입니다. 남들에게 좋은 인상을 주기 위해 나에게 주어진 어떤 역할에 맞게 만들어진 '자아'를 뒤집어쓴다는 것이지요. 우리가 다양한 페르소나를 이용해 사회적인 역할을 수행하면서 살아가듯이, 감정에도 그런 게 있다는 것입니다. 어떤 상황을 잘 해결하기 위해 '만들어진 감정'을 활용함으로써 대인관계를 더잘 풀어나가는 것이지요. 우리가 도구적 감정을 이용하는 상황은 주로 이렇습니다.

'지금 뭐라는 거야? 부장님은 계속 내 속을 긁는 말을 하고 있네. 진짜 화가 난다. 그래도 내가 불쾌해하는 표정을 짓거나 화를 낸다면 부장님은 더욱 화를 낼 것이고 결국 원치 않는 결과가 나올 거야. 일단 정중하게 대하고, 부장님의 말을 긍정적으로 받아들이는 것처럼 반응해야겠다.'

'어제 밤늦게 들어왔다고 어머니가 굉장히 화나셨네. 최대한 미안해하고 반성하는 모습을 보여야겠다.'

'중간고사 시험을 못 봤다. 교수님께 리포트로 대체할 수 있는지 여쭤봐야겠다. 일단 내가 왜 시험을 못 봤는지 그 상황을 가능한 어렵고 힘들게 전달해야겠다.'

도구적 감정의 기능은 다음과 같습니다. 첫째, 부정적인 결과를 막고 자기 효능감을 키웁니다. '엄마가 더 이상 화를 안 내시네. 엄마 화를 가라앉히다니 잘했다' 하면서 스스로를 뿌듯하게 여길 수 있습니다.

둘째, 타인에게 긍정적 영향을 줌으로써 사회적 관계 형성에 유리합니다. "그래, 보고서를 잘못 썼다는 걸 스스로 알고 있다니 다음부터는 더 잘 쓰리라 믿겠네. 앞으로 더 잘하는 모습 지켜볼게." 상사에게 이런 말을 듣고, 더 좋은 평가를 받는 계기로 만들 수도 있습니다.

셋째, 목표를 위해 적절히 정서를 조절할 수 있는 능력을 키웁니다. '앞으로 부장님이 또 헛소리를 해도 열받지 않을 수 있겠다.' 이런 자신감이 생겨나기도 합니다.

도구적 정서는 특히 감정 노동자들이 적극 활용해야 하는 것입니다. 도구적 정서를 적절하게 활용하면 사회적 역할을 잘 해내는 데 도움이 됩니다. 그러나 우리는 때때로 도구적 정서를 상대방을 지배하기 위한 착취적인 목적으로 사용하기도 합니다. 예를 들면 헤어지자는 애인을 붙잡기 위해 심하게 자기비하를 한다든지 과도하게 절망하는 모습을 보여줌으로써 상대의 죄책감을 자극하는 것이지요. 그렇게 해서 상대가 자신을 떠나지 못하게 하려는 겁니다.

이처럼 도구적 정서는 양날의 칼과 같습니다. 그래서 과하게 사용하면 인간관계에서 부작용이 나타나기도 합니다. 도구적 정서를 습관적으로 사용하는 사람들을 우리는 '가식적'이라고 표현합니다. 진솔함이 떨어지고 자기 세계를 오픈하지 않는 사람이기 때문에, 타인과 의미 있는 관계를 맺기는 어렵지요. '저 사람은 가식적이야.' '뭔가 연기하는 것처럼 보여.' 우리는 이러한 사실을 금방 눈치챕니다.

그런데 도구적 정서를 잘 사용하는 사람들은 정말 이기적일까요? 오히려 이기적이라기보다는 타인에 대한 존중감이 높은 사람일 수 있습니다.

가장 효과가 좋은 건 진실성

'상대가 도구적 정서를 사용해서 나를 이용하려고 하면 어떻게 하지?' 이런 생각이 들 수도 있습니다. 물론 상대방에게 속기도 하지요. 하지만 정서는 직관적이고 본능적입니다. 인간은 언어를 사용할 수 없었던 어린 시절부터 정서를 통해서 소통해왔습니다. 아무 말을 못 하는 어린아이도 분위기만으로 상대가 나에게 호의적인지 아닌지를 느낍니다. 그러니 나이가 들고 경험의 폭이 늘어날수록 상대의 감정이 진짜인지 가짜인지를 금방 알아챌 수 있습니다.

반대로 내가 도구적 정서를 지나치게 사용하면 어떻게 될까요? 스스로를 부정적으로 느끼게 되고, 자존감이 떨어집니다. '내가 남의 눈치를 보느라고 이런 연기까지 해야 하나?' 하는 마음이 듭니다. 감정 노동자들이 겪는 문제가 이런 것이라고 앞서 살펴본 적이 있지요.

사람을 긍정적으로 만들어주는 덕목 중 하나가 '진실성(authenticity)'입니다. 진실성은 가식이나 위선 없이 자신에 대한 진실을 말하며 자신의 감정이나 행동에 대한 책임을 지려는 태도를 말합니다.

잘못된 보고서 앞에서 억지로 죄송한 척하는 것보다는 '아, 내가 이런 점이 부족했어. 이런 점은 누가 지적하지 않아도 고쳐야겠다'라는 태도를 가지게 되면 굳이 도구적 정서를 사용하지 않더라도 상대에게 좋은 감정이 전달됩니다.

놀랄 정도로 솔직한 사람들이 있습니다. 살짝 거짓말을 해서 넘어가도 될 텐데, 당당하게 자신의 잘못을 말합니다. 그런 이들에게 진실성은 '거짓말을 하지 않는다'는 좁은 의미가 아니라, 자신을 성찰하고, 그렇게 성찰한 자신을 수용한다는 의미입니다. 궁극적으로 '나를 위한 일'이기 때문에 솔직할 수 있는 것입니다. 이런 진실성은 대인관계에서 신뢰를 얻는 바탕이 됩니다.

화를 내야 할 것 같은 부정적인 상황에서도 진실성은 도움이 됩니다. 상대가 한 말이 불쾌하면 솔직하게 '불쾌하다'라고 말하면 되는데, 우리는 이를 드러낼 자신이 없어서 괜찮은 척하거나 혹은 과하게 왜곡된 감정부터 전달합니다. 두 경우 모두 찜찜한 결과를 낳습니다.

반면 화를 내도 이상하게 기분 나쁘지 않은 사람이 있습니다. 그런 사람을 잘 관찰해보면 우선 자신의 감정 앞에 스스로 진실하고 솔직하다는 것을 발견할 수 있습니다. 자신의 감정에 솔직한 사람은 그 감정을 일으킨 요인이 사라지면, 감정도 바로 털어버립니다.

이런 친구가 있지 않나요? 누가 마구 놀리면 "야! 그런 말 하지 마!"라고 분명하게 화를 내지만, 상대가 그 행동을 멈추면 더 이상 화를 내지 않습니다. 놀라운 감정 조절 능력이지요. 반대로 할 말을 하지 못한 채 참고 있으면, 감정이 점점 쌓이고 뒤끝이 필요 이상으로 길어집니다. 그보다는 오히려 솔직한 말과 행동이 상대를 더 편안하게 만들어줍니다.

결국 우리가 자신에게 불리한 상황, 불편한 관계, 고통스러운 상처에서 벗어나려 할 때 가장 필요한 방법이자 강력한 힘은 '진실성'을 갖는 것입니다. 그 위에서 도구적 정서를 적절히 사용해야 할 것입니다.

진실한 사람은 공감력이 높습니다. 공감력은 두 가지 측면이 있습니다. 자기 공감과 타인 공감입니다. 자신의 마음에서 일어난 것을 관찰하고, 느끼고, 욕구를 살피고, 요청하는 것이 자기 공감입니다. 반면 타인 공감의 중요성을 더 강조하는 입장도 있습니다. 나보다 약자인 사람에게 느끼는 연민, 나와 다른 타인에 대한 이해가 중요하다는 것이지요.

가만히 보면 어느 한쪽만 강조하는 이야기가 너무 많습니다. 어떤 책은 타인은 결국 나를 이해하지 못하는 존재이니 거리를 두라고 합니다. 어떤 책은 다른 사람을 이해하는 '타인 공감'만 강조합니다. 자기 공감과 타인 공감은 동전의 양면입니다. 어느 한쪽이 없으면 아예 공감력 자체가 만들어지지 않습니다.

두 입장 모두 문제가 있습니다. 우선 자기 공감을 중시하는 쪽은 '나는 옳다'는 점을 강조합니다. '내 감정이 소중하다＝나는 옳다＝타인은 잘못이다' 이런 식으로 흘러가는 것입니다. 그게 아니라 '틀린 나, 잘못된 나'를 인정하는 것도 자기 공감의 한 부분입니다.

타인 공감을 강조하는 쪽은 '나에게 위협이 되지 않는 타인'에게만 공감합니다. 주로 나보다 힘이 없는 타인, 나에게 위협이 되지 않는 타인에 대해서 공감 능력을 발휘합니다. 또는 나와 동질성이 있거나 내가 좋아하는 사람에게만 선택적으로 공감합니다. 내가 싫어하는 사람의 잘못에 대해서는 과하게 지적하고, 내가 좋아하는 사람의 잘못은 이해하려고 애쓰는 경향을 보이는 것입니다.

그러나 호감도와 상관없이 나와 타인의 차이를 받아들이는 것이야말로 타인 공감이라 할 수 있습니다. 우리가 진정 타인을 공감한다는 건 '그래, 내가 이해해줄게'라는 태도가 아니라 '난 당신과 입장이 다르지만 당신이 왜 그런 감정을 가지는지는 이해할 수 있다'라는 데까지 나아가는 것입니다.

이렇게 자기 공감과 타인 공감을 연결시킬 수 있는 사람은 도구적 정서도 무리하지 않고 사용합니다. 더 긍정적인 대인 관계를 만들어갑니다. 둘 중 굳이 어느 쪽이 먼저냐고 묻는다면, 당연히 자기 공감이라고 할 수 있습니다. 자기 공감부터 할 줄 알아야 타인 공감의 밑바탕이 만들어지기 때문입니다.

시뮬레이션은 그만두고 마음을 열어 경험하자

"사람들과 만날 때 미리 할 말을 계획하고 시뮬레이션을 해요. 한 열 번 정도 합니다. 선생님과 상담을 하러 오기 전에도 그래요. 그렇게 다 준비한 다음에 사람을 만나면 플레이 버튼을 누릅니다. 저는 그렇게 잘 준비하는 게 저의 장점이라고 생각했어요. 그런데 '당신의 지금 감정이 뭐냐?'라는 질문을 받으면 말문이 막혀요. 심지어 꽤 시간이 지난 다음에도, 그때 당시에 내 감정이 뭐였는지 잘 모르겠어요."

저에게 이런 고민을 상담한 분이 있습니다. 이분은 심리상담가 교육 과정을 밟고 있었는데, 자기 공감력이 낮았습니다. 그래서 제가 물어봤습니다. "그럼 그런 준비 과정 없이, 즉 일종의 '필터' 없이 만나는 사람이 있나요?" 그러자 단 한 명도 없다고 대답하더군요.

이런 분이 심리 상담을 하게 되면 어떻게 될까요? 머리로는 상담자를 이해하려고 해도, 가슴으로는 이해가 안 되겠지요. 심리 상담이 아니더라도, 우리가 해야 하는 많은 사회적 일들은 타인의 감정을 잘 읽어내야 잘할 수 있습니다. 타인의 감정을 잘 읽으려면 먼저 내 감정에 공감하는 능력이 있어야만 합니다. 자기 공감력이 높고, 인간이 가진 감정이 얼마나 다채로운지 경험한 사람들은 다른 사람들에게서 다양한 감정을 읽어냅니다.

그런 능력이 약한 사람들은 앞의 상담자처럼 '시뮬레이션'을 많이 합니다. 예를 들면 이런 겁니다. 부장님이 나를 부릅니다. 분명히 내가 하고 싶지 않은 일을 하라고 지시할 것 같습니다. 나는 머릿속에서 마구 시뮬레이션을 합니다. '이렇게 말하면 이렇게 답해야지. 이렇게 말하면 또 이렇게 대응해야지.'

이건 상대도 마찬가지입니다. 비록 상사여도 자신에게 부정적인 부하를 만나기 전에는 긴장하기 마련입니다. 그래서 미리 연습합니다. '저 친구가 이렇게 나오면 나는 이렇게 해야지'라는 시뮬레이션을 하는 겁니다.

이런 행동 또한 감정 능력과 관련이 있습니다. 감정 능력이 좋은 사람들은 섣불리 예상하지 않습니다. 사람과 사람이 만날 때, 나를 예상하고 상대를 예상하게 되면 진정한 공감이나 소통이 이뤄질 가능성이 낮습니다. '네가 이렇게 이야기할 줄 알았어. 그래서 나는 이렇게 준비했지!' 이렇게 되는 것이지요.

그게 아니라 솔직하게 대응해야 합니다. 지금(here), 여기(now)의 감정으로 상대와 소통해야 합니다. '아, 넌 그렇게 생각하는구나. 그런데 왜 그렇게 생각하게 된 거야?'라는 식으로 되물으면서 상대와 감정을 주고받으려 하면 상대방이 나에게 가졌던 부정적인 태도가 누그러지게 됩니다.

감정 능력이 좋은 사람들은 이런 태도를 가지고 있습니다. '나는 무엇을 예측하지 않는다. 내가 예상하지 못한 것이 무엇이든 있는 그대로 발견하려고 노력할 뿐이다' 같은 태도를 가진 사람과 함께하고 있으면, 나의 감정이 평온해진다는 것을 느낄 수 있습니다.

이런 태도를 타고나면 좋겠지만, 후천적으로 만드는 것도 가능합니다. 좋은 감정과 좋은 태도는 얼마든지 흉내 내고 연습해도 좋습니다. 그리고 미리, 과하게, 부정적으로 예측하려는 경향을 버립시다.

대인관계에 대한 조언들을 보면 '이런 경우 이렇게 대응하라'는 식의 이야기가 많습니다. 그러나 살다 보면 그런 종류의 조언이 결국 부질없음을 깨닫게 됩니다. 인생은 내가 예상한 대로 되지 않을 때가 더 많습니다. 상황에 미리 대비할 수는 있겠지만, 그런 대비 또한 여러 가능성을 열고 생각해야 효과가 있습니다. '딱 하나의 정답 같은 상황'을 만들려고 하는 순간, 우리는 자기 공감도 타인 공감도 되지 않는 상황에 빠져들게 됩니다. 나와 상대의 세계가 열리고 마주하는 정서적 소통은 이루어지지 않습니다.

만약 시뮬레이션을 하려면 '수용적 시뮬레이션'을 하십시오. '저 사람이 분명히 화를 심하게 낼 거야. 그러면 나는 어떻게 방어하지?'라는 것을 시뮬레이션하기보다는 '나한테 화를 낼 수밖에 없을 거야. 일단 무슨 말을 하는지 잘 들어봐야겠다. 나름의 이유가 있을 거야. 그러다 보면 뭔가 해결의 실마리를 찾을 수 있겠지'처럼 받아들이는 시뮬레이션을 하는 게 좋습니다. 수용적인 태도는 서로가 긍정적인 목표로 나아가기 때문입니다.

마찬가지로 도구적 정서를 사용할 때도 부정적 정서보다는 긍정적 정서를 도구로 사용하십시오. '친구가 화가 났네. 내가 더 화를 내서 말문을 막아야겠다'보다는 '친구가 화가 났네. 그래도 우리 둘은 친구라는 신뢰감을 줘야겠다' 하는 방식이 훨씬 더 상황을 좋게 만듭니다.

13

외로울 순 있어도
무기력해지기는 싫다면

소속감에 목매지 않기

시도 때도 없이 올라오는 옅은 외로움이 있다.
사람들과 같이 있어도 문득문득 외로움을 느낀다.
나에게 어떤 문제가 있는 걸까.

최악의 외로움은 자기 자신이 불편하게 느껴지는 것이다.
_마크 트웨인

그 사막에서 그는

너무도 외로워

때로는 뒷걸음질로 걸었다

자기 앞에 찍힌

발자국을 보려고

오르텅스 블루(Hortense Vlou)라는 프랑스 사람이 지은 시
입니다. 평소에 그다지 외롭다고 생각하지 않는 사람도 이 시
를 읽으면 뭉클함을 느낄 겁니다. 외로움이란 인간이라면 누
구나 느끼는 매우 보편적인 감정이기 때문입니다. 자신의 현
재가 행복하다고 해도, 사람은 문득문득 외로움을 느낍니다.
그리고 인간이 하는 많은 행동은 바로 외로움이라는 감정을
해결하기 위해 이루어집니다. 한밤중에 책을 읽고, 영화를 봅
니다. 주말에 소개팅을 하러 갑니다. 외로움은 그런 다양한 행
동의 이유가 됩니다.

이 외로움은 참 묘합니다. 누구는 외로움을 잘 견디고, 누구는 너무 심하게 느낍니다. 사람을 만난다고 바로 해소되는 것 같지도 않습니다. 왜 외롭다고 느껴지는지 그 이유를 모를 때가 더 많습니다. 학교를 다니고, 회사를 다니고, 심지어 가족과 함께 있을 때도 이런 기분이 듭니다. 외로움은 인간관계에서 여러 가지 문제를 일으킵니다. 누군가에게 집착하게 만들기도 하고, 이유 없이 화를 내게 만들기도 합니다. 외로움에서 벗어나려다가 엉뚱한 사고를 치게 되기도 합니다. 그러다 무기력해지고 공허해지기도 합니다. 에너지가 낮아지고 일할 의욕이 떨어집니다. 어떻게 해야 할까요?

외롭거나, 무기력하거나, 공허하거나

감정은 욕구에 대한 신호입니다. 외롭다는 감정이 든다면, 그건 나에게 어떤 욕구가 있다는 신호입니다. 친구와 수다를 떨고 싶다거나, 사랑받고 싶다거나 하는 등의 욕구이겠지요. 우리가 가진 다양한 욕구를 모두 만족시킬 수는 없습니다. 하지만 욕구가 지속적으로 충족되지 못하면 문제가 생깁니다. 바로 무기력입니다. 무기력과 비슷한 감정으로 공허함도 있지요.

외로움, 무기력, 공허함 등은 현대인들이 자주 느끼는 감정

중 하나입니다. 비슷비슷해 보이는 이런 감정들은 어떤 차이가 있을까요? 우선 외로움은 '관계'에서 오는 감정입니다. '나와 너(너희들)'가 있는 게 관계죠. 즉, 타인이라는 '대상'이 있을 때 느끼는 감정이라는 것입니다. 대상이 있는데 소통이 안 됩니다. 어떤 소통이 안 되는 걸까요? 바로 '정서를 통한' 소통입니다. 함께 있는데도 나를 외롭게 하는 사람이 있습니다. 그건 서로 말을 하더라도 정서를 통한 소통은 없기 때문입니다.

사실 외로움은 타인과 소통이 안 되어서 생기기도 하지만 자신과 소통이 안 될 때 많이 생깁니다. 나와 나 자신과의 관계 맺음이 충족되지 않아 외로운 거지요. 나의 정서를 내가 잘 이해하고 표현하지 못할 때, 그래서 나 자신과 소통이 안 될 때 생깁니다.

쉽게 말해 혼자 잘 노는 사람, 사람들에게 자기 욕구를 잘 표현하는 사람, 그리고 자기 성장에 관심이 많은 사람들은 외로움을 잘 못 느낍니다. 이건 모두 자신과 소통하는 방법입니다. 반면 자신과의 소통이 잘 안 되는 사람들은 계속 타인을 지향하며 외롭다고 말합니다.

보통 외로움의 문제는 부부와 연인관계에서 많이 발생합니다. 감정의 소통을 기대하는데 충족이 안 되는 거죠. 직장 상사와는 감정이 안 통한다고 해도 외롭다고 하지 않습니다. 이렇게 생각해보면 외로움은 결국 내 기대 때문에 생겨난 것이고 냉정하게 말하면 나의 문제이지요.

외로움은 연극성 인격 장애 환자들과 경계성 인격 장애 환자들의 핵심 정서이기도 합니다. 그런 사람들은 '외롭다' '공허하다'라는 말을 수없이 내뱉습니다. 우울증 환자와 다릅니다. 우울증 환자는 꼼짝 못하는 무기력이 특징입니다.

반면 연극성 인격 장애 환자들과 경계성 인격 장애 환자들은 남의 관심과 주목을 받고자 하는 욕구가 크고, 그 욕구가 충분히 만족되지 않으면 외로움을 느낍니다. SNS에 '좋아요' 숫자가 줄었다고 외로움을 느낀다는 이들도 많습니다. 타인과의 정서적 소통을 통해 자신의 콘텐츠를 채우는 것입니다.

자신의 콘텐츠는 타인이 주는 게 아닌, 나 스스로가 만드는 것입니다. 자존감이 높은 사람들은 일시적인 외로움은 느낄지 몰라도, 모든 일이 공허하다거나 항상 외롭다고 느끼지는 않습니다. 스스로를 존중해나가는 능력이 있기 때문입니다.

외로움과 달리, 무기력은 관계가 아니라 욕구의 좌절과 관련이 있습니다. '내가 원하는 것마다 다 안 돼. 내가 원하는 걸 할 수 없어.' 이런 마음이 드는 것이 무기력입니다. 무기력은 거듭된 실패 때문에 생기기도 하지만, 상황에 적응하지 못할 때 생겨나기도 합니다.

A라는 상황이 발생했습니다. 빨리 그 상황에 적응해야 하는데, 계속 과거와 달라진 상황에 당황만 하고 있습니다. 당황

하다 보니 새로운 상황에 적절하게 대응하지 못하고 엉뚱한 곳에 에너지를 쓰게 됩니다. 번지수를 제대로 못 찾고 다른 곳에서 혼자 북 치고 장구 치는 상황이 됩니다. 그러니 제대로 된 결과가 나오지 않고, 결국에는 지치고 맙니다. 그러다 보면 '역시 나는 안 되는구나'라는 생각이 들고요. 점점 더 빨리 자신의 욕구를 포기합니다. 그렇게 무기력에 빠집니다.

나를 계속 괴롭히는 상황으로부터 벗어나지 못할 때도 무기력에 빠집니다. 지금 다니고 있는 회사는 나의 에너지를 자꾸 갉아먹기만 합니다. 무슨 일을 해도 즐겁지 않습니다. 회사를 그만두려고 하면 사장이 '여기 아니면 일할 데가 없을 거다'라는 엄포를 놓습니다. 그러면 마음이 약해집니다. 집에 가서 생각해보니 딱히 옮길 회사도 없습니다. 자꾸만 상황을 곱씹고 또 곱씹습니다. 이렇게 반추하는 데 에너지를 집중합니다. 그러다 보면 막상 일을 해결하거나 구체적인 행동을 하는데 쓸 에너지까지 다 잡아먹게 됩니다. 결국에는 배터리가 방전될 수밖에 없습니다. 자연히 무기력한 상태가 되는 겁니다.

공허함은 세상 속에 존재하는 자신의 의미를 찾지 못해서 생기는 문제입니다. '내가 왜 사는 건가? 나 하나 없어진다고 무슨 일이 벌어지겠어?' 이런 생각이 드는 겁니다. 사회적 이슈에 관심이 많은 이들은 공허함을 거의 못 느낍니다. 세상에 참여할 일이 많기 때문이지요. 유기견 봉사활동, 공정무역 커피 구입, 청와대 청원이나 환경 캠페인에 참여하기 등 사회적 맥락 속에서 나의 존재를 확인하는 활동으로 바쁩니다.

공허함은 상실에서 오기도 합니다. 자신에게 엄청난 영향을 미치던 사람이 죽는다거나, 혹은 그런 사람에게 배신을 당하면 공허함이 밀려옵니다. 이런 상실을 겪지 않았다고 해도 일상에서 자신의 가치, 자신의 철학을 확인받는 경험을 하지 못할 때 공허함을 느끼게 됩니다.

자기 자신에 대해 모르는 사람도 공허함에 빠집니다. 주위를 보면 사회적으로 성공한 사람임에도 공허하다고 할 때가 있습니다. 의사, 판검사, 펀드 매니저 등 많은 돈과 주위의 인정을 받는 직업을 가졌다고 해도 자신이 왜 그 일을 하고 있는지 의미를 찾지 못하면 자주 공허함에 빠집니다.

제가 상담한 환자 중 한 분은 지극히 내성적인데도 부모님 때문에 사람을 직접 대면하는 종류의 아르바이트를 하고 있었습니다. 외향적인 성격을 가져야 사회에서 성공하기 쉬우니 그런 경험을 해봐야 한다고, 부모님이 자녀를 밀어붙인 것이지요. 내성적인 사람들은 내향성을 극대화할 수 있는 직업을 택하고 거기서 역량을 발휘해야 가장 행복합니다. 내성적인 사람이 자동차 딜러를 해봤자 외향적인 성향의 딜러보다 일을 잘하기가 어렵습니다. 자신의 성향이 부정당하는 환경에 놓여 있으면 공허함을 느낄 수밖에 없습니다.

이런 외로움, 무기력, 공허함을 채우기 위해서 사람들이 가장 쉽게 시도하는 일이 있습니다. 바로 '소속감'을 가지려고 하는 겁니다. 소속감은 여러 심리학자들이 강조했듯이 인간 삶의 기본 동기입니다. 매슬로는 인간의 5단계 욕구 중에 3단계에 해당하는 것을 소속감의 욕구라고 봤습니다. 아들러가 말한 욕구의 위계를 봐도 1단계가 생존 욕구, 2단계가 관계 욕구, 3단계가 성장 욕구로, 여기서 관계 욕구는 소속감의 욕구와 같습니다.

소속감이 충족되면 다양한 상호작용이 일어나게 됩니다. 지속적인 보살핌과 안정된 관계가 주어집니다. 그 속에서 만족감, 안정감, 행복한 기분 등을 느끼게 됩니다. 인간은 이런 소속감의 욕구를 채우기 위해 다양한 활동을 합니다. 축구 경기를 보러 경기장에 가는 것도 소속감을 느끼고자 하는 욕구와 관련이 있습니다. 내가 응원하는 팀을 많은 사람들이 같이 응원하고 있고, 나는 그 속의 일원이 됨으로써 행복감을 느낍니다. 교회를 다니고, 동호회에 나가고, 학교 선후배 모임에 나가는 등의 활동 속에도 소속감에 대한 욕구가 숨어 있습니다.

소속에 대한 욕구가 좌절되면 사람은 고통을 느낍니다. 좌절된 소속감으로 인한 심리통은 신체적 고통과 유사합니다.

사회심리학자 나오미 아이젠버거(Naomi Eisenberger)는 유명한 '사회적 배제(social exclusion)' 실험을 통해 이러한 사실을 발견했습니다.

세 사람이 공 던지기 게임을 하다가 갑자기 두 사람이 한 사람을 따돌리고 자기들끼리만 공을 주고받으면, 소외된 사람의 뇌에서 전방 대상회피질(anterior cingulate cortex)이 활성화됩니다. 이 부위는 신체 고통을 느낄 때 활성화되는 곳입니다. 아이젠버거는 또다른 실험을 통해 실험참가자들에게 2000밀리그램의 아세트아미노펜(타이레놀)과 위약(가짜 알약)을 주었습니다. 실험 참가자들 중 아세트아미노펜을 먹은 그룹은 3주 안에 아픈 마음이 점차 줄어들었다고 보고 했고, 위약을 먹은 그룹은 큰 차이가 없었습니다. 실제로 뇌를 스캔해 보니 아세트아미노펜을 먹은 참가자들은 전방 대상회피질의 활성화가 줄어들었습니다.

이처럼 소외감이 주는 심리적 고통은 신체적 고통처럼 실제로 아프다는 것입니다. 그래서 사회적 소외는 심리적 죽음이라고까지 말합니다. 인간이 외로움을 심하게 느끼면 우울해지고 심지어 자살에까지 이르는 이유가 여기에 있습니다. 그런데 소속감을 만드는 일은 쉽지 않습니다.

"혼자 있는 걸 못 견뎌요. 그런데 사람들하고 같이 있는 것도 좋아하지 않아요. 사회성이 떨어진다는 이야기를 들을 것 같아서 회식 자리에 꼬박꼬박 가지만, 가봐야 꿰다 놓은 보릿자루처럼 앉아 있어요. 남들과 대화도 잘하고 잘 노는 사람들이 부러운데, 왜 저는 그게 잘 안 될까요?"

"다른 사람들하고 있으면 자꾸 오버하게 돼요. 웃긴 이야기를 해야 한다는 강박에 사로잡혀요. 말과 행동이 과하다 보니까, 나중에 문제가 생겨요. 사람들이 저를 싫어한다는 게 느껴져요. 그래서 조심하려고 하는데, 정신을 차려보면 또 제가 분위기를 주도하려고 말을 많이 하고 있어요. 왜 이렇게 되는 걸까요?"

"우리 팀 사람들과 저는 안 맞는 것 같아요. 어떤 일이 벌어지면 사람들이 막 즐거워해요. 그런데 전 그게 왜 즐거운지 모르겠어요. 같이 웃기는 하지만, 속으로는 나만 별종이 된 것 같아요."

누구나 이런 기분을 느껴본 적이 있을 겁니다. 소속감을 가지기 위해서 과도하게 친한 척하는 거죠. 반대로 소속감이 떨어진다는 이유로 필요 이상으로 움츠러들고 사람들과의 관계에 소극적인 경우도 있습니다. 두 가지 모두 소속의 욕구가 정당하게 해결되지 못한 데서 오는 어리석은 행동입니다. 『아파도 아프다 하지 못하면』이라는 책에 따르면, 어리석다는 뜻의 영단어 '이디어트(idiot)'는 '다른 사람들로부터 격리된 사람들(somebody withdrawn from others)'이라는 뜻에서 왔다고 합니다. 외로움을 느끼면 어리석은 행동을 하게 되기 쉽습니다. 소속감을 해소하지 못하는 데서 오는 이런 문제를 어떻게 해결해야 할까요?

첫째, 집단 전체와 친해져야겠다는 생각을 버리십시오. 소속감을 느끼는 가장 확실한 방법은 그 조직의 사람 중에서 단 한 명이어도 좋으니 인간적으로 깊게 친해지는 것입니다. 전체와 잘 지내는 것 같아도 그 '한 명'이 없으면 결국 소속감이 생기지 않습니다. 이는 타인과의 관계나 집단에서의 소속감을 양의 문제가 아닌 질의 문제로 바꾸어 생각하는 것입니다. 쓸데없는 사람들을 백 번 만나는 것보다, 나에게 꼭 필요한 사람을 한 번 만나는 게 심리적으로 훨씬 안정이 됩니다. 만나서 쓸데없이 수다를 떠는 건 제대로 된 정서의 소통이 아닙니다. 질적인 깊이가 없는 만남으로는 외로움이 해소되지 않습니다.

둘째, 소속되고 싶은 이유를 그 집단이 추구하는 '좋은 가치'에서 찾으십시오. 단지 외롭지 않으려고 자신과 다른 가치를 추구하는 집단과 어울리려고 하지 마십시오. 예를 들어 누군가를 흉보는 것으로 친해진 집단이 있다고 합시다. 그 집단에 소속되기 위해서 나도 남을 험담하게 되면 당장은 외롭지 않고 재미있을 수 있겠지만, 자신이 '가치 없다'는 느낌을 받게 됩니다.

그리고 잘못된 가치를 추구하는 집단에 속하게 되면, 내가 정말 힘이 들 때 '보호받는다'는 느낌을 제대로 받을 수 없습니다. 소속감은 안전의 욕구와 관련이 높습니다. 약한 개인으로서는 대처할 수 없는 위험이 있습니다. 그러나 여러 사람이 함께하면 그 위험에 맞설 수 있습니다. 사람들이 특정 집단에 들어가려고 하는 데는 이런 안전에 대한 욕구도 작용합니다. 그런데 자신이 동의하지도 않는 집단의 가치를 억지로 받아들이게 되면, 삶이 불안해집니다. '이게 아닌데' 싶은 가치에 나를 억지로 끼워 맞추게 됩니다. 진정한 나를 잃어버리게 됩니다. 또한 비도덕적인 집단은 사람을 목적이 아닌 수단으로 본다는 특성이 있습니다. 내가 집단의 목적과 다른 입장을 취할 경우 바로 배척당할 수도 있습니다.

셋째, 소속감을 '집단의 일부가 되는 것'이 아니라 '나의 세계가 확장되는 것'으로 이해하십시오. 내가 외로워서 타인에게 기대고자 하는 결핍 욕구를 충족하려는 소속감인지, 공동체를 통해 더 넓은 세상으로 나아가기 위한 성장 욕구로서의 소속감인지를 구분합시다. 감정 능력이 좋은 사람들은 당연히 성장 욕구로서의 소속감을 느끼며 자신의 인생을 더 풍요롭게 합니다. 이처럼 결핍을 메우기 위해서가 아닌, 나를 성장시키는 동기로 소속감을 만드는 게 필요합니다. 내가 선택한 집단에 자발적으로 참여하는 일은 인간을 성장하게 합니다.

사실 감정 능력이 높은 사람일수록 소속감을 느끼고자 하는 욕구가 적습니다. 소속감에서 중요한 요소 중 하나가 순종과 복종인데, 이는 개인의 자율성과 배치되기 때문입니다. 집단이 유지되기 위해서는 공동의 질서가 중요합니다. 누구나 따라야 하는 것이지요. 그런데 자율성이 높은 사람은 자기 행동을 스스로 선택하고 자유롭게 행동하고자 하는 경향이 강합니다. 그런 사람은 집단에서 요구하는 순종과 복종의 룰이 자신의 가치와 맞지 않는다고 생각하면 따르지 않을 가능성이 큽니다. 그러면 집단으로부터 비난받을 수 있습니다. 그 비난을 견디고, 심지어 자신을 비난하는 사람을 잘 설득하고, 그들과도 소통할 수 있으려면 자기 자율성이 높아야 합니다.

세계는 나로부터 시작하는 것

상담을 하다 보면 가족으로 인한 스트레스로 고민하는 이들이 많습니다. 가족 공동체의 힘이 강한 사회에서는 가족을 설득의 대상이 아니라 따라야 하는 대상이라고 여깁니다. 가족이라는 이유로 동일하게 생각할 것을 강하게 요구받습니다. 따라서 가족들이 함께 가게를 한다거나 기업을 운영할 때 스트레스를 받는 이들이 많습니다. 한 개인으로서 자신이 원하는 자율성을 보장받지 못하기 때문입니다. 상대적으로 집단을 중시하는 동양권 문화에서, 특히 한국 사회에서 가족이라는 이름으로 행해지는 감정적 폭력이 있습니다. 한국 사회에서는 '가족은 상부상조하는 운명 공동체'라는 판타지가 강합니다. 그 가족 판타지를 잘 유지하기 위한 정서로 '죄책감'을 많이 이용하지요. 자율성을 해칩니다.

자율성을 보장받지 못했을 때 나타나는 첫 번째 증상이 뭘까요? 바로 감정 표현을 쉽게 못 한다는 것입니다. 싫어도 싫다고 말하기가 어렵다는 거죠. 그러면 부정적인 감정이 쌓이고, 필요 이상으로 그 정서는 확장됩니다. 그리고 이런 감정이 쌓이고 쌓였다가 한번 터지면 크게 폭발합니다. 소속감도 자율성도 다 박살이 납니다.

외로움과 소속감 사이에서 방황하지 않으려면, 우리가 태어날 때부터 속해 있는 가족마저 나중에는 '내가 선택한 세계'로 만들어야 합니다. 어린아이일 때는 '내가 선택할 수 없는 세계'인 부분이 크지만, 어른이 되면서는 부모, 형제와의 상호작용을 통해 내가 이 관계를 능동적으로 만들어가고 있다는 느낌을 가져야 합니다. 그럴 때만이 비로소 어른의 소속감을 가질 수 있습니다. 솔직히 어릴 때부터 익숙한 관계 패턴에 있는 가족을 상대로 새로운 관계를 맺는 게 쉬운 일은 아닙니다.

가족 구성원들의 위치는 어린 시절부터 정해져 있습니다. 엄마의 하소연을 들어주는 게 딸의 역할로 정해지면, 이 패턴을 끊기가 어렵습니다. 이 관계 패턴은 상호 의존적이기 때문입니다. 엄마만 딸에게 의존하는 게 아니라, 딸도 엄마에게 어떤 역할을 해주며 의존하고 있습니다. 게다가 아무리 부정적인 관계라 해도 반복되면 익숙해집니다. 이 관계 패턴을 바꾸면 더 나아지리라는 자기 확신도 없습니다. 엄마가 나에게 생활비를 주고 있으니 엄마의 하소연을 거부하기 어렵습니다.

이런 여러 가지 현실적인 이유로 자기 합리화를 합니다. 혹은 내가 잘하면 엄마가 변할 거라는 희망도 있습니다. 그러나 결국 그런 기대가 좌절되면 외로움을 느낍니다. 엄마가 끊임없이 나를 찾는데도, 나는 외로움을 느낍니다. 왜냐하면 엄마의 세계가 내 세계를 침범하기 때문입니다. 그래서 나의 세계는 점점 좁아지고 나와 맞지 않는 엄마의 세계로 물들여지게 됩니다.

외로움을 다른 말로 바꾸면 저는 '내 세계가 줄어드는 기분'이라고 말하고 싶습니다. 그 외로움을 없애는 법은 '남의 세계를 갖다 붙이는 일'이 아니라 '내 세계를 확장하고, 다른 세계와 연결하는 것'일 겁니다. 나의 세계를 오히려 침범하고,

내 세계의 자율성을 해치는 방식으로는 외로움이 사라지지 않습니다.

심리학자 에드워드 데시(Edward Deci)는 인간의 심리적 욕구를 유능성, 자율성, 관계성이라 봤습니다. 이 세 가지 욕구가 서로 조화를 이루는 게 중요합니다. 많은 사람들이 생각하는 것과 반대로 외로움, 무기력, 공허함은 소속감이 높아질 때보다 자율성이 높아질 때 사라집니다. 정말 의외이지요?

아이와 어른의 차이가 여기에 있습니다. 아이들을 잘 살펴보면 혼자 놀더라도 옆에 보호자가 있기를 바랍니다. 같이 행동하지 않더라도, 누가 옆에 있어야 안정감을 느끼는 것이지요. 외로움을 잘 느끼는 아이일수록 이런 경향이 강합니다. 그러나 우리가 어른이 되는 과정에서는 일정 정도의 외로움을 견디는 능력을 키워야 합니다. 외로움을 견디는 능력을 키워나가는 과정이 바로 어른이 되는 과정입니다.

마거릿 말러(Margaret Mahler)는 아이의 안정된 관계를 이야기하면서 '대상 항상성(object constancy)'이라는 개념에 대해 언급했습니다. 이는 '어떤 상대'와 떨어지게 되어도, 항상 내 마음속에 그 상대가 온전하게 존재하는 느낌을 말합니다. 엄마가 내 옆에 없어도 그 존재를 느낄 수 있고, 친구가 나 아닌 다른 친구와 논다고 해도 내 친구임에 틀림이 없고, 연인이 나와 함께 있지 않는 순간에도 오롯이 나를 사랑한다고 느끼는 그런 능력입니다.

대상 항상성이 강한 사람은 자율성이 높습니다. 자율성은 어른의 자존감을 구성하는 중요한 요소입니다. 자율성이 낮은 사람들은 연인을 사귀고, 주말마다 친구들을 만나 놀고 와도 외롭다고 합니다. "아무리 늦은 시간까지 데이트를 해도 집에 들어오면 외로워요." 아직 아이처럼 물리적으로 옆에 누가 있지 않으면 외롭다고 느끼는 겁니다.

그리고 그 외로움의 원인을 자신이 아닌 타인에게서 찾습니다. '네가 충분히 나를 사랑해주지 않아서 그렇다' '친구들이 나를 제대로 이해하지 못한다'라고 비난하게 되는 것이지요. 사실은 내가 아직 미성숙하기 때문일 수도 있고, 과거 부모와의 관계에서 가지지 못했던 애착 욕구를 타인을 통해 풀고 싶기 때문일 수도 있습니다. 이런 걸 '투사'라고 하지요.

어떻게 해야 이런 종류의 감정으로부터 자유로울 수 있을까요? 우리가 가진 외로움, 공허함, 무기력 등의 감정에 대처하기 위해서는 '문제의 원인은 나에게 있고, 나는 이미 이것을 해결할 답을 갖고 있다'는 마음가짐이 중요합니다. 그래야 외로움 때문에 애먼 사람에게 화풀이를 하고, 잘못된 행동이나 말실수를 하지 않는 단단한 나를 만들 수 있습니다.

14

나만의 고유한 감수성은 무엇일까

긍정적 자기 개념 키우기

내 감정은 어제는 회색이다.
내 감정은 오늘은 붕 떠 있다.
내가 나를 사랑할 수 있으려면
내 감수성을 어떻게 다뤄야 할까.

인간은 선천적으로 사랑받기를 원할 뿐 아니라
사랑스러운 사람이 되기를 원한다.
_ 애덤 스미스

감정이 유난히 풍부한 사람이 있습니다. 남들은 그냥 넘어가는 일에 나는 툭하면 눈물이 터집니다. 이를 감수성이 풍부하다고 말합니다. 감수성이 풍부한 건 좋은 일입니다. 창의적이고 예술적인 에너지가 되기도 합니다. 자기 공감력은 물론 타인 공감력도 높다는 반증이기도 합니다. 소설 『빨강 머리 앤』에 나오는 주인공 앤이 그런 사람이지요. 그러나 감수성이 풍부한 것과 감정 능력을 기르는 건 다른 문제입니다. 감수성은 선천적으로 타고난 기질과 비슷합니다. 반면 감정 능력은 감정을 상황에 맞게 사용하여 나에게 좋은 결과를 만들어내는 것입니다.

직장 상사가 나에게 일을 잘한다고 칭찬을 했습니다. 너무 기분이 좋습니다. 친한 동료에게 자랑하고 싶습니다. 그런데 그 동료는 그 상사에 대한 신뢰가 낮습니다. 감정 능력이 있는 사람은 이런 상황에서 자신이 느낀 뿌듯함을 어떻게 해야 공감받을 수 있을지 생각할 겁니다. 이런 생각을 하는 사람과 아닌 사람 사이에는 분명 차이가 있습니다.

　무엇보다 감수성이 풍부하다고 해도 긍정 감수성이 풍부한 사람이 있고, 부정 감수성이 풍부한 사람이 있습니다. 부정 감수성이 높은 사람은 자신을 향한 적대적인 감정을 잘 견디지 못합니다. 의미 없는 타인이 남긴 악플에 상처를 심하게 받습니다.

타고난 감수성을 이해해주자

"전형적인 경상도의 보수적인 집안에서 자랐어요. 영화를 보고 울면, 부모님은 물론 형제들도 저를 놀렸어요. '뭘 저런 걸 보고 우냐'라는 식이죠. 부모님과 형제들은 제가 사회생활을 잘하지 못할 거라고 생각했어요. 너무 감수성이 예민하다고요. 처음에는 저도 직장 사람들과의 관계가 안 좋아서 힘들었어요. 그런데 어느 날 누가 그러더라고요. '왜 항상 상처받은 사람처럼 구냐. 너는 감성이 풍부한 만큼 배려심도 크고, 또 의리도 있는 사람이다.' 그 말을 듣는 순간부터 바뀌어야겠다고 생각했어요. 이제는 예민한 감수성을 잘 이용하는 편이에요. 제가 다른 사람들의 기분을 잘 읽거든요. 눈치가 빠르니 일하는 데 큰 도움이 된다고 생각해요."

사람마다 타고나는 감수성이 있습니다. 타고난 감수성은 크게 변하지 않습니다. 다만 부정적으로 기능하느냐, 긍정적으로 기능하느냐의 차이가 있습니다. 풍부한 감수성을 어떻게 사용하느냐에 따라 타인과 나 사이에 벽이 생기기도 하고, 반대로 공감을 높이는 기반이 될 수도 있습니다.

기본적으로 우리가 인정해야 하는 사실은 정서의 많은 부분이 선천적인 것이며, 사람마다 다르다는 것입니다. DNA를 물려준 엄마와 딸의 관계라고 해도, 20년 가까이 같은 환경에서 자란 형제라고 해도 다릅니다. 우리는 개인의 개성과 의견을 인정해줘야 한다는 말을 많이 합니다. 그렇다면 정서의 선천성도 존중되어야 합니다.

그 선천적인 부분을 어떻게 알 수 있을까요? 타고난 기질, 성격, 정서를 알아보는 여러 가지 심리 검사가 있습니다. MBTI 같은 유명한 검사도 있고, 최근에 널리 주목받고 있는 TCI 검사도 있습니다. 각 검사마다 초점을 두는 부분이 다릅니다.

'나 혼자' 있을 때는 타고난 정서가 문제되지 않겠지요. 주로 조직 안에서의 행동, 소통 등과 관련해서 문제가 생깁니다. 그런 점에서 '성격의 빅(Big) 5'는 개인의 성격의 특징을 일과 조직에서의 적합도와 결합하여 파악할 수 있다는 점에서 유의미한 이론입니다. '성격의 빅 5'는 외향성, 우호성, 성실성,

신경증 성향, 경험에 대한 개방성이라는 항목으로 나눕니다.
표로 정리해보면 다음과 같습니다.

	높은 케이스	낮은 케이스
외향성	다른 사람들과 잘 어울리며 열정적이다	다른 사람들과 어울리지 않고 조용하다
우호성	감정 이입을 잘하며 잘 믿는다	비협조적, 적대적
성실성	체계적, 자발적	충동적, 부주의함
신경증 성향	스트레스를 많이 받고 걱정이 많다	정서적으로 안정
경험에 대한 개방성	창조적, 독창적	실용적, 보수적

외향성을 높게 타고난 사람은 긍정 정서를 느낄 가능성이 높고, 신경증 성향을 높게 타고난 사람은 부정 정서를 느낄 가능성이 높을 것입니다. 각각의 항목에서 내가 어떤 점이 높게 타고났는지, 낮게 타고났는지 살펴보면 나의 고유한 기질을 알아볼 수 있습니다. 그리고 그 기질에 따라 조직에서 적응하기, 타인과의 관계 맺기 등에서 어떤 부분들을 주의해야 할지 힌트를 얻을 수 있습니다.

비교 표를 보여드린 데는 두 가지 이유가 있습니다. 첫 번째는 사람마다 다른 정서의 고유성을 인정하자는 점을 말하기 위해서입니다. 두 번째는 내가 겪는 부정적 정서와 관련된 문제들이 '어떤 기질'에서 기인하고 있는지를 생각해보기 위해서입니다.

좋은 감정은 기억력도 높인다

사람들이 가진 정서는 무척 다양하지만, 크게 보면 긍정 정서와 부정 정서로 나눌 수 있습니다. 이 중 긍정 정서는 굳이 조절할 필요가 없습니다. 조울증과 같은 양극성 장애 환자들이 병적으로 느끼는 과한 긍정 정서가 아닌 경우, 일상에서 느끼는 크고 작은 긍정 정서는 우리의 주의력과 창의력, 문제 해결력을 높여줍니다.

세계적 기업인 구글의 펀(fun) 경영 등에서 보듯이, 긍정 정서는 사고를 유연하게 만들고, 창의성을 키우고, 문제 해결 능력을 향상시킵니다. 집중력과 기억력도 높여주지요. 그러니 회사에 창의적인 인재를 많이 키우고 싶다면, 다 같이 코미디 영화를 보십시오. 시험을 잘 보고 싶다면 친구들과 즐겁게 대화하면서 시험공부를 해보십시오. 긍정 정서는 내가 지닌 능력을 극대화하는 데 도움이 됩니다.

그렇다면 부정 정서는 어떨까요? 부정 정서도 도움이 될 때가 있습니다. 예를 들어 슬픈 감정 상태는 세부적인 과제에 도움이 됩니다. 지난번 프로젝트가 실패했습니다. 가슴이 쓰라

립니다. 실패로 인한 속상함이 남아 있습니다. 이런 상태에서 다음 프로젝트를 앞두게 되면, 훨씬 더 신중하고 꼼꼼하게 준비할 것입니다.

감정은 기억을 떠올리는 데도 영향을 줍니다. 즐거운 감정일 때는 유쾌했던 기억을 더 많이 떠올리는 반면, 속상한 마음일 때는 과거에 상처를 받았거나 힘들었던 기억들이 생각납니다. 내 아이의 생일파티에서 행복한 시간을 보내고 있다면 작년, 재작년의 생일파티들이 떠오르면서 아이의 성장 과정을 긍정적으로 기억하게 됩니다. 하지만 직장 상사에게 "너는 늘 일을 이따위로 한다"며 야단을 듣고 나면 어떨까요? 자리로 돌아와서도 과거에 직장에서 혼났던 일들이 마구 떠올라 머릿속이 어지러워지겠지요.

그러니 직관적이고 확산적인 사고가 필요한 창조적 과제를 할 때는 기분이 좋아지는 흥겨운 음악을 들으십시오. 신중하고, 수렴적 사고가 필요한 세부적인 과제를 할 때는 잔잔하고 애잔한 클래식 음악을 들으면 도움이 됩니다. 음악이 특정 정서를 유발하기 때문입니다.

타고난 정서는 성장하는 과정에서 다양하게 변화합니다. 자라면서 더 차분해지는 사람도 있는가 하면, 더 활발해지는 사람도 있습니다. 그 과정을 통해 '나는 어떤 사람인가'라는 개념을 만들어갑니다. 이를 '자기 개념'이라고 합니다. 그런데 이 자기 개념이 실제 삶에서 경험하는 것과 일치하지 않을 때가 있습니다.

예를 들어 '나는 발표를 잘하는 사람이야'라는 자기 개념을 갖고 있습니다. 실제로 발표를 잘해서 박수를 받으면, 자랑스러움과 뿌듯함이라는 자기 체험을 하게 됩니다. 자기 개념과 자기 체험이 일치하는 것이지요. 이럴 때는 긍정적인 정서가 발동합니다.

'나는 엄마가 사랑하는 아이다'라는 자기 개념이 있는 어린이가 아플 때 밤새워 곁을 지켜주는 엄마의 모습을 보면 '우리 엄마가 나를 정말 사랑하는구나. 나는 사랑받는 사람이구나'라는 포근하고 행복한 정서를 경험하게 됩니다.

자기 개념과 자기 체험이 일치하는 경험을 통해 긍정적인 자기 개념이 단단해진 사람들은 부정적인 자기 체험을 하더라도 쉽게 무너지지 않습니다. 예를 들어 발표를 못하거나, 엄마가 내 말을 무시하는 일이 발생했다고 해도 자기 개념에 손상이 크게 가지는 않습니다. '컨디션이 안 좋아서 발표를 평소보다 못했구나' '엄마가 오늘 바빠서 정신이 없구나'라고 생각합니다.

반대로 자기 개념이 튼튼하지 못한 사람이 부정적인 자기 체험을 하게 되면, 자기 개념을 수정하게 됩니다. '나는 앞으로도 계속 발표를 잘 못할 거야. 발표뿐만 아니고 다른 일에서도 나는 무능력해. 나는 비호감이야. 내 성격이 이러니 아무도 나를 좋아하지 않을 거야. 성격의 문제라서 이건 고칠 수도 없을 거야'라고 생각합니다. 더 나아가 내가 발표를 못한 것이 아니라고 상황 자체를 부정하기도 합니다. 자기 개념과 자기 체험이 불일치하는 상황은 얼마든지 찾을 수 있습니다.

- 나는 내가 착한 사람이라고 생각했는데, 내 이득이 걸린 일에서 누군가에게 상처를 주었다.
- 나를 사랑한다던 엄마가 사소한 문제로 내 등짝을 세게 때렸다.
- 내가 중학교 때까지는 공부를 잘했는데 고등학교에 가니 중간도 못 가더라.

자기 개념과 자기 체험이 통합되지 않으면 인간은 괴로워집니다. 불안해합니다. 그 불안으로부터 자기를 변호하고 보호하기 위해 자신의 경험을 왜곡하기도 합니다. 이런 경향이 강해지면 우리는 성숙한 사람이 될 수 없습니다. 그렇기 때문에 자기 개념과 자기 체험을 일치시키는 것이 필요합니다. 그리고 그 과정에서 긍정적으로 기능하는 '정서 체험'을 만들어야 합니다.

정서 체험의 중요성을 알 수 있는 사례는 곳곳에서 찾을 수 있습니다. 어느 날 남편이 멀리 출장을 가면서 한마디 던집니다. 평소에는 별말 없는 무뚝뚝한 사람인데 말입니다.

> "이렇게 긴 출장을 가게 돼서 좀 미안하네. 어릴 때 엄마가 당신을 놔두고 주정뱅이 아빠를 피해서 도망갔던 일 때문에 지금도 당신이 혼자 있는 걸 힘들어하는데 말이야. 얼른 일 마치고 돌아올게."

남편의 말에 펑펑 울고 난 뒤로 아내는 남편이 집을 오래 비워도 불안해하지 않게 됩니다. 불안한 감정의 이유를 찾고, 집에 혼자 있어도 괜찮다는 점을 체험하면서 '내가 이리 불안해할 필요가 없구나'라는 정서적 각성을 하게 된 것입니다. 자기 행동에 대한 스스로의 반성이 일어난 것이지요. 우화에 나오는 청개구리 이야기도 비슷합니다. 엄마 청개구리의 말을 내내 안 듣던 아들 청개구리가 엄마가 죽으니 반성을 하고, 그래서 기어코 엄마 무덤을 개울가에 쓰게 됩니다. 아들 청개구리는 자신이 좋은 아들이 아니라는 것도 알고 있었고, 엄마 말이 옳다는 것도 알고 있었지만, 제멋대로 살았습니다. 그러다가 엄마의 죽음이라는 큰 정서적 체험 후에 변화한 것이지요.

이런 정서적 체험을 잘 해낼 때 감정 능력이 높아집니다. 그리고 우리가 어떤 행동을 해야 할지 판단하고, 결정하고, 실행하는 능력도 커집니다. 나의 자율성은 높아지고, 타인에 대한 연대감 또한 높아집니다. 정서의 문제가 중요한 까닭은 결국 이것이 '나에 대한 개념'을 성장시키는 일이기 때문입니다. 긍정적인 자기 개념을 키워나갈 때 우리는 감정의 노예가 아니라 감정의 주인이 될 수 있습니다.

최종 목표는 나의 자유

많은 심리학 도서가 '부정 감정도 당신의 감정이기에 소중하다'는 메시지를 던집니다. 그런데 '싫은 것을 소중하게 여기기'는 어렵습니다. 누구도 화내는 사람이 되고 싶지 않습니다. '당신이 화를 내는 감정 또한 소중하다'고 말해주면, 그 순간에 위로는 될지라도 해결책은 얻을 수 없습니다.

"나는 인생 자체가 설상가상이었다. 어려서부터 항상 내 인생의 문제점을 고치기 위해 뭔가를 해야 한다는 생각이 가득했다. 그러나 별로 좋은 결과를 내지 못했다. 어딜 가나 사람들과 관계가 안 좋았다. 사회생활을 한 지 13년이나 되고 보니, 나에게도 문제가 있는 것 같다. 직장을 다니면 6개월쯤 지나면서 감정이 극도로 쌓인다. 직장에 대한 불만, 상사에 대한 불만이 터진다. 항상 이런 식이다. 직장에 사표를 쓰는 방식으로 도망가거나 직장 상사에게 대드는 방식으로 폭발하고 만다."

이런 고민을 하는 사람에게 뭐라고 말해줘야 할까요? 당신이 그런 감정 상태를 가지고 있어도 괜찮다고 말해주면 되는 걸까요? 여기서 감정 능력을 다시 정의해봅시다. 감정 능력이란 감정의 긍정적 측면을 발견하고 활용하는 능력입니다. 그러려면 감정을 정면으로 대응하는 일부터 시작해야 합니다.

노출 치료라는 게 있습니다. 이 치료는 공포증(포비아) 환자에게 쓰는 방법입니다. 예를 들면 뱀 공포증이 있는 환자를 단계적으로 서서히 뱀이라는 공포에 노출시키는 겁니다. 처음에는 3미터 정도 떨어진 곳에서 뱀 사진을 보여줍니다. 공포로 몸이 경직되면, 신체 이완 훈련을 시킵니다. 다음에는 눈앞에 뱀 모형을 두고, 그다음에는 유리관 안에 살아 있는 뱀을 가져다 놓습니다. 다음번에는 뱀에 손을 대도록 하고, 뱀을 목도리처럼 목에 둘러보는 단계까지 나아갑니다.

이와 같은 치료법은 강박증 환자에게도 씁니다. 예를 들어 한번 손을 닦을 때마다 한 시간씩 비누로 손을 문질러야 하는 환자가 있다면, 손을 닦지 않은 채로 두세 시간을 견뎌보고,

이후에 한나절을 견뎌보게 하면서 강박증을 치료하는 것입니다. 마찬가지로 불안 장애 환자들의 치료에도 이 방법을 적용할 수 있습니다.

노출 치료의 핵심은 자신이 느끼는 감정으로부터 도망가지 않고 견디는 과정을 통해 새로운 행동으로 나아가게 하는 것입니다. 감정 능력이 높은 사람은 적극적인 정서적 체험을 두려워하지 않습니다.

문제는 불안을 겪지 않으려고 감정을 회피하는 데서 일어납니다. 환자들을 보면 자신이 느끼게 되는 불안이나 분노의 감정을 견디고 체험하지 않으려고 합니다. 대가를 치르려고 하지 않기 때문에 그 불안이 더 증폭되고 엉뚱한 곳으로 향하며 또 다른 문제를 만들어냅니다. 자신에게 계속해서 잔소리하는 부모가 있다면, 당연히 싫을 것입니다. 엄마가 나를 쳐다보기만 해도 불안하고 화가 납니다. 또 무슨 잔소리를 할까 싶어 분노할 준비가 되어 있습니다. 밖에서 친구들과 수다를 떨고 즐거운 마음으로 들어와도, 엄마를 마주하면 바로 분노 모드가 발동합니다. 엄마와 소통이 안 되면 입을 닫습니다. 문을 쾅 닫고 방으로 들어갑니다.

그러나 계속 이렇게 회피할 수는 없겠지요. 부모와 자식이라는 소중한 관계가 망가지고 무엇보다 내가 힘드니까요. 그러면 왜 내가 화가 나는지를 알아차리고, '적당한 수준'에서 표현하고, 그 표현을 통해 엄마와 감정적 소통을 해야 합니다. 이를 통해 나도 엄마의 감정 상태를 체험하고, 엄마도 나의 감정 상태를 체험하게 됩니다. 그래야 나도 바뀌고 엄마의 태도도 바뀝니다.

이런 과정이 이루어지지 않으면 문제는 해결되지 않습니다. 나의 감정을 체험하지 못한 엄마는 그냥 '쟤는 아직도 사춘기야. 무슨 말만 하면 화를 내'라고 생각할 것입니다. 잔소리는 줄어들지 않겠죠. 내가 느끼는 감정의 원인을 제대로 발견하고, 타인에게도 그 원인을 제대로 전달해야 합니다. 그러기 위해서는 '에너지'가 필요합니다. 쓸데없는 데 에너지를 쓰면 안 됩니다. 감정 능력이 좋은 사람들은 '자기 에너지'를 잘 보존하고 만들어내는 능력이 좋습니다.

에너지는 남에게서도 온다

스스로 에너지를 잘 만들어내는 사람도 있습니다. 그게 안 될 때는 어떻게 해야 할까요? 남에게서 에너지를 받아 오는 능력도 필요합니다. 인간이 살아가는 데는 '의미 있는 타인'이라는 존재가 필요합니다. 자존감을 키우는 데도 도움이 되지만, 감정 조절을 잘하기 위해서도 필요한 조건입니다. '의미 있는 타인'이란 어떤 존재일까요? 바로 내 감정의 타당화를 해주는 사람입니다.

> A : 기분이 나쁘면 즐거운 영화를 봐. 왜 그런 슬픈 영화만 보고 그래.
>
> B : 슬픈 영화를 보고 한바탕 울고 나면 속이 시원해지지. 속 상한 일이 있었나 보네.

> A : 왜 자꾸 그런 실수를 할까? 긴장하지 않은 거 아냐?
>
> B : 이런 점은 실수를 했네. 다음에는 실수하지 않을 거라 생각해.

주변으로부터 A 방식의 피드백만 받으면, 심리적 안정감이 점점 떨어집니다. B 방식의 피드백을 해주는 사람은 내 감정을 있는 그대로 이해하는 사람이고, 나의 의미를 인정하는 사람입니다. 이런 의미 있는 타인은 부모, 친구, 연인, 직장 상사 등 누구라도 될 수 있습니다. 특히 사회적 관계에서 이런 타인이 있는 게 중요합니다.

사람들은 자꾸 감정을 '사적인 것'으로 생각합니다. 감정이 의사소통의 기본이라는 것을 강조하는 이유는 감정이 사회적이라는 점을 말하기 위해서입니다. 사회적인 관계에서 의미 있는 타인과 감정의 타당화를 통한 긍정적인 소통을 하는 경험이 많아질 때, 감정 능력은 커집니다. 기질적으로 내성적이고 불안도가 높은 사람이라고 해도, 후천적으로 감정 능력을 충분히 키울 수 있습니다.

우리가 살면서 맺는 대인관계는 변화를 거듭하며 확장됩니다. 어려서는 가족 동반자로 시작해서 사교적 동반자(친구) → 낭만적 동반자(연인) → 작업적 동반자(직장 동료, 클라이언트 등)로 나아갑니다.

어떤 인간관계에서 '의미 있는 타인'을 못 만났거나 감정이 소모된다고 느끼면, 다른 관계를 빨리 만드는 게 좋습니다. 심리적 안정감을 주는 타인, 나의 타고난 유능함을 발휘할 수 있게 해주는 타인, 이런 타인을 만들려는 노력을 계속할 때 사람은 성장합니다. 그리고 나중에는 나도 누군가에게 그런 타인이 되려고 노력해야 합니다.

리더십에서 감정 능력은 무척 중요합니다. 리더가 된다는 건 내가 누군가에게 '의미 있는 타인'이 되는 일입니다. 그러려면 나도 타인의 감정을 타당화해주고, 그의 의미를 발견해주는 사람이어야 합니다.

아무리 성과를 많이 내고, 머리가 좋고, 실무를 잘해도 감정 능력이 없으면 리더가 되지 못합니다. 큰 집단의 리더가 되고 싶을수록 이런 능력이 반드시 필요합니다. 매일 지지고 볶는 관계에서는 실수나 잘못도 용납되곤 합니다. 때로 화를 내서 관계가 망가져도, 또 좋은 일을 통해서 관계를 회복할 수 있습니다.

그러나 큰 집단의 리더가 되면 매번 사람들과 가깝게 소통할 수 없습니다. 한 번의 짧은 소통으로 서로가 동기 부여를 해내는 관계를 만들어야 합니다. 훌륭한 리더를 따르는 사람들의 이야기를 들어보면 공통적으로 '나의 마음을 알아봐주었다'라는 고백을 합니다.

감정 능력의 최종 목표는 나의 자유

우리가 겪는 감정 문제를 살펴보면 일대일 관계만이 아니라 집단 대 개인으로 생기는 경우도 꽤 많습니다. 개인 사이의 감정이 복잡하고 끈끈해서 문제라면, 집단 대 개인의 감정은 그 상처가 잘 드러나지도 않고, 해결책도 딱히 없기 때문에 더 어렵게 느껴집니다.

"수영장에 갔더니 텃세가 있더라고요. 회원들 중에 왕언니 역할을 하는 분이 있고, 그분 주변으로 사람들이 모여 있어요. 그 사람들이 저한테 신입회원이니 신고식의 의미로 밥

238

을 한번 사고, 그 왕언니한테 잘하라는 거예요. 제가 시간도 없고 해서 그 말을 가볍게 넘겼는데, 그때부터 따돌림이 시작됐어요. 제 앞에서 자기들끼리만 마구 떠들고, 회원들이 다 같이 간식을 나눠 먹을 때는 저만 쏙 빼놓는 식이에요."

A씨는 50대 여성입니다. 이미 다 큰 자식을 둘이나 키운 사람이지만, 수영장 회원들과의 문제로 힘들어합니다. 따돌림은 어린 시절 학교에서만 겪는 게 아닙니다. 어른이 되고, 심지어 할머니 할아버지가 되어도 이런 문제들은 벌어집니다. 어떻게 해야 할까요? 여기서 확실한 건 수영장 회원들은 내내 저럴 거라는 겁니다. 그리고 타인의 생각과 방식, 행동과 가치는 나의 통제 영역이 아닙니다. 나의 통제 영역에 속하는 것은 내가 하는 선택, 나의 반응 방식, 내가 타인에게 하는 행동 양식, 크고 작은 내 인생의 방향 같은 것들입니다.

그렇게 생각하면 답은 분명합니다. 지금처럼 따돌림을 당하거나, 아니면 한번 거하게 밥을 사고 그 집단 안으로 들어가거나 하는 거죠. 다른 방법도 있습니다. 다른 수영장으로 옮겨도 됩니다. 이런 방법들은 모두 나의 통제 영역에 속하는 일이지만, '사람들은 나에게 사과해야 해'라거나 '왕언니의 마음이 바뀌어야 해'라는 건, 내가 어떻게 할 수 없는 일입니다.

부부 상담을 위해 찾아오는 이들이 있습니다. 그중 많은 사람들이 배우자에게 '나랑 헤어질 건지, 당신이 바뀔 건지 선택해'라고 요구합니다. 일단 남에게 선택을 강요할 수는 없습니다. 남편이 나랑 헤어질 것인지 같이 살 것인지, 자신이 바뀔 것인지 혹은 지금 모습을 그대로 유지할 것인지, 이 모든 것은 내가 할 수 있는 일이 아닙니다. 이래서는 갈등을 해결할 수 없습니다.

그럼 A씨가 어떤 행동을 택하는 게 가장 좋을까요? 그건 관계 스트레스에 대한 본인의 내성이 얼마나 되는지에 달려 있습니다. 관계 스트레스에 강한 사람이라면 '나는 허리 디스크 때문에 수영을 꼭 해야 해. 다른 수영장은 너무 멀어. 그냥 다니면 되지 뭐'라는 선택을 할 것이고, 관계 스트레스로 힘들어하는 사람이라면 다른 회원들과 친해지려고 노력하게 될 것입니다.

관계 스트레스에 강해지려면 내가 가진 가치 중에서 '상위 가치'를 따라 행동을 결정하면 됩니다. '나의 건강'이 더 중요한 사람은 짜증이 나도 수영장을 다니게 될 것이고요. '편안한 관계'가 더 중요한 사람은 관계를 개선하려고 할 것입니다.

그런데 이런 걸 다 알면서도 계속 고민하는 사람이 있습니다. "제 허리가 엉망이긴 하지만, 그래도 그 수영장을 다니는 게 힘들어요. 아니, 제가 아무리 애를 써도 그 사람들은 계속 저를 싫어할 거예요. 그런데 결국 잘못은 그 사람들한테 있는 거 아니에요? 왜 제가 고통을 받아야 하죠?" 이런 하소연을 백 번 반복하는 겁니다.

바보 같은 사람이라고 생각되지요? 하지만 우리가 겪는 많은 일들이 큰 차원에서 보면 이와 별반 다르지 않습니다.

> "전 이제 곧 졸업을 해요. 웹툰 작가를 할지 게임 애니메이터를 할지 고민이 돼요. 웹툰 작가는 경쟁도 치열하고 언제 뜰 지 기약도 없지만 확실하게 제가 그리고 싶은 걸 그릴 수 있어요. 게임 애니메이터는 당장 취직은 가능하지만 제가 그리고 싶은 걸 그리는 게 아니고 위에서 시키는 것을 그려요. 너무 고생하는 직업이에요. 집에서는 '네가 선택해라'고 해요. 그 말이 더 괴로워요. 차라리 빨리 돈을 벌라고 이야기해주면 좋겠 는데 말이에요."

사람은 자유롭기를 원하면서 동시에 책임은 지기 싫어합니다. 그러나 자유는 어쩔 수 없이 불안을 동반합니다. 자유롭게 세상을 산다는 건 엄청나게 무서운 일입니다. 하지만 이 불안을 견디고 세상을 살아낼 때 우리는 또 진정한 자유를 느끼게 되는 거죠. 빅터 프랭클은 이런 말을 했습니다.

"이 살아 있는 연구실에서 성자처럼 살아가는 사람이 있는가 하면, 돼지처럼 사는 사람도 있음을 우리는 확실히 보았다.

누구든 이렇게도 저렇게도 살 수 있지만, 결국 어떻게 살지는 그 사람이 어떤 선택을 하느냐에 달려 있다."

살아 있는 연구실이란 나치 시절의 유대인 수용소를 비유한 것입니다. 그 어떤 자유도 없을 것 같은 곳에서도 사람은 '선택'이라는 것을 하게 되어 있습니다.

결국 감정의 문제도 선택할 수 있습니다. 노력할 수 있는 일이 아니라고, 타고난 성질 같은 것이라고 내버려두면 안 됩니다. 살아가는 내내 자신을 이해하고, 타인과 관계 맺게 해주는 정서의 문제에 좀 더 본격적으로 대응할 필요가 있습니다. 그렇게 할 때 자유롭고 성숙한 사람으로 살아갈 수 있기 때문입니다.

1. 내 기분은 내가 조절할 수 있다는 믿음을 가지고 있다.

2. 다른 사람의 생각이 나와 다르다고, 바로 부정적인 감정을 가지지 않는다.

3. 이 기분이 오래된 기분인지, 방금 생겨난 기분인지 구분할 줄 안다.

4. 다른 사람이 어떤 감정을 드러내도 '그럴 만한 이유가 있다'고 생각한다.

5. 일어나지 않은 일을 미리 짐작해서 감정을 키우지 않는다.

6. 좋아하는 사람이 내 제안을 거절하는 것이 나를 싫어하는 일이라고 받아들이지 않는다.

7. 모욕을 당해도 그 순간의 일로 여길 뿐 계속 곱씹지 않는다

8. 오늘 내가 해낸 일에 집중하고, 그 느낌을 소중하게 여긴다.

9. 깊은 상처가 있을수록 나는 이것을 이겨낼 수 있다고 생각한다.

10. 사람의 감정은 고정된 것이 아니라 언제든지 변할 수 있다고 생각한다.

11. 어떤 기분이 들면 '이것이 나에게 도움이 되는 기분인가?'를 먼저 생각한다.

12. 설령 기분이 별로일 때도 좋은 감정을 연기할 줄 안다.

13. 어떤 집단에 소속될 때는 반드시 긍정적인 이유를 가진다.

14. 나의 감수성이 잘 발휘될 수 있는 일에만 집중한다.

가나다순

『감정 노동』, 앨리 러셀 혹실드 지음, 이가람 옮김, 이매진

『긍정 심리학』, 권석만 지음, 학지사

『너는 나에게 상처를 줄 수 없다』, 배르벨 바르데츠키 지음, 두행숙 옮김, 걷는
나무

『비폭력대화』, 마셜 로젠버그 지음, 캐서린 한 옮김, 한국NVC센터

『삶이 괴롭냐고 심리학이 물었다』, 게일 브레너 지음, 이주만 옮김, 포레스트
북스

『성격 심리학』, 민경환 지음, 법문사

『실존주의 심리치료』, 어빈 얄롬 지음, 임경수 옮김, 학지사

『심리치료에서 정서를 어떻게 다룰 것인가』, 레실 S. 그린버그 지음, 이홍표
옮김, 학지사

『아이의 정서 지능』, EBS 엄마도 모르는 우리 아이의 정서 지능 제작팀 지음,
지식채널

『아파도 아프다 하지 못하면』, 최기홍 지음, 사회평론

『애착이론과 정신분석』, Peter Fonagy 지음, 반건호 옮김, 빈센트

『자존감의 여섯 기둥』, 나다니엘 브랜든 지음, 김세진 옮김, 교양인

『잡았다, 네가 술래야』, 폴 T. 메이슨 · 랜디 크리거 지음, 김명권 · 정유리 옮
김, 모멘토

『젊은이를 위한 인간관계의 심리학』, 권석만 지음, 학지사

『정서발달과 정서지능』, 정옥분 · 정순화 · 임정하 지음, 학지사

『정서 조절 코칭북』, 이지영 지음, 시그마프레스

『존 가트맨式 감정코칭법』, 존 가트맨 저, 정창우 옮김, 인간사랑

『죽음의 수용소에서』, 빅터 플랭클 지음, 이시형 옮김, 청아출판사

『코끼리가 울고 있을 때』, 제프리 무세이프 메이슨 지음, 오성환 옮김, 까치

『회복탄력성』, 김주환 지음, 위즈덤하우스

알파벳순

Ainsworth, M. D. S., Blehar, M. G., Waters, E., & Wall. S. Patterns of attachment Assessed in the strange situation and at home. Hillsdale, NJ : Erlbaum, 1978.

Beck, Aaron. "Cognition, affect, and psychopathology." Archives of General Psychiatry 24(1971): 495-500.

Berman, Marshall. The Politics of Authenticity. New York: Atheneum, 1970.

Bernstein, Basil. "A sociolinguistic approach to socialization, with some reference to educability" in John Gumperz and Dell Hymes(eds.), Directions in Sociolinguistics. New York: Holt, Rinehart and Winston, 1972.

Bonnano, G.A. Loss, trauma, and human resilience: Have we underestimated the human capacity to thrive after extremely aversive events? American Psychologist, 59(2004): 20-8.

Bouchard, T. J. and Loehlin, J. C. Genes, evolution, and personality. Behavior Genetics, 31(2001): 243-73.

Bouchard, T. J. and McGue, M. Genetic and environmental influences on human psychological differences. Journal of Neurobiology, 54(2003): 4-45.

Bowlby, J. Attachment and loss: Vol. 1. Attachment. New York: Basic Books, 1969.

Bowlby, J. Attachment and loss: Vol. 2. Separation: Anxiety and anger. New York: Basic Books, 1973.

Bowlby, J. Attachment and loss: Vol. 3. Loss, sadness, and depression. New York: Basic Books, 1980.

Brown, Barbara. New Mind, New Body. New York: Haper & Row, 1974.

Campbell, Sarah F. (ed.). Piaget Sampler. New York: Wiley, 1976.

Canli, T. Functional brain mapping of Extraversion and Neuroticism. Learning from individual differences in emotion processing. Journal of Personality, 72(2004): 1105-31.

Clark, D. M., & Wells. A. A cognitive model of social phobia. In R. G. Heimberg, M. R. Liebowitz, D. A. Hope, & F. R. Scheier(Ed.), Social phobia: Diagnosis, assessment, and treatment(pp.69-93). New York: The Guilford Press, 1995.

Costa, P. T. and McCrae, P. R. Four ways five factors are basic. Personality and Individual Differences, 135(1992): 653-65.

Deci, E. L. "The Effects of Contingent and Non-Contingent Rewards and Controls on Intrinsic Motivation", Organizational Behavior and Human Performance, 8(1972): 217-29.

Deci, E. L., & Ryan R. M. Intrinsic Motivation and Self-Determination in Human Behavior, New York, Plenum Press, 1985.

Deci, E. L., & Ryan, R. M. A motivational approach to self: Integration in personality. In R. Dienstbier (Ed.), Nebraska symposium on motivation: Vol. 38. Perspectives on motivation (pp. 237-88). Loncoln: University of Nebraska Press, 1991.

Digman, J. M. Personality structure: Emergence of the five-factor mode Annual Review of Psychology, 50(1990): 116-23.

Douglas. Mary. Natural Symbols. New York: Vintage, 1973.

Durkheim, Émile. The Elementary Forms of the Religious Life. Tr. Joseph Ward Swain. New York: Free Press, 1965.

Eisenberg, N., Cumberland, A., Spinrad, T. L., Fabes, R. A., Shepard, S. A., Reiser, M., Murphy, B. C., Losoya, S. H., & Guthrie, I. K. The relations of regulation and emotionality to children's externalizing and internalizing problem behavior. Child Development, 72(2001): 1112-34.

Frankl, V. Man's Search for Meaning. London: Washington Square Press, 1984.

Frankl, V. The Doctor and the Soul: From Psychotherapy to Logotherapy. New York: Vintage Books, 1986.

Fredrickson, B. L. What good are positive emotions? Review of

General Psychology, 2(1998): 300-19.

Fredrickson, B. L. The role of positive emotions in positive psychology: The broaden-and-build theory of positive emotions. Journal of American Psychological Association, 54(2001): 218-26.

Fredrickson, B. L. The broaden-and-build theory of positive emotions. Philophical Transactions of the Royal Society of London (Biological Sciences), 359(2004): 1367 – 77.

Fredrickson, B., & Levenson, R. Positive emotions speed recovery from the cardiovascular sequelae of negative emotions. Cognition and Emotion, 12(1998): 191-220.

Freud, Sigmund. "Formulations on the two principles of mental functioning" in James Strachey (ed.), Standard Edition 12. London: Hogarth Press(1911): 213-26.

Freud, Sigmund. "Repression" in James Strachey(ed.), Standard Edition 14. London: Hogarth Press(1915a): 146-158.

Freud, Sigmund. "The unconcious" in James Strachey(ed.), Standard Edition 14. London: Hogarth Press, 1915b.

Freud, Sigmund. "Introductory lectures on psychoanalysis" in James Strachey(ed.). Standard Edition 15 and 16. London: Hogarth Press, 1916 – 17.

Freud, Sigmund. "Inhibitions, symptoms, and anxiety" in James Strachey(ed.), Standard Edition 20. London: Hogarth Press(1926): 77 – 126.

Gross, J. J., Sutton, S. K., and Ketelaar, T. Relations between affect and personality: Support for the affect-level and affective-reactivity views. Personality and Social Psychology Bulletin, 24(1998): 279-88.

Goffman, Erving. Interaction Ritual. New York: Doubleday Anchor, 1967.

Goldberg, L.R. An alternative 'description of personality' : The Big Five factor structure. Journal of Personality and Social Psychology, 59(1990): 1216-29.

Goleman, D. Emotional intelligence. Bantom Books, U.S.A., 1995.

Greenberg, L. S. Emotion-focused therapy. Coaching clients to work through their feelings. Washington, DC: American Psychological

Association, 2002.

Gross, J. J. Emotion regulation : past, present, future. Cognition and Emotion, 13(5)(1999): 551-73.

Horowitz, Mardi J. Image Formation and Cognition. New York: Appleton-Century-Crofts Educational Division, Meredith Corporation, 1970.

Ingram, R. E. Self-focused attention in clinical disorders: Review and a conceptual model Psychological Bulletin, 107(1990a): 156-76.

Ingram, R. E. Attentional nonspecificity in depressive and generalized anxious affective states. Cognitive Therapy and Research, 14(1990b): 25-35.

James, Muriel, and Dorothy Jongeward. Born to Win. Center City, Minn: Hazeldon, 1971.

John, O. P. The 'Big Five' factor taxonomy: Dimensions of personality in natural language and questionnaires. In L. A. Pervin (ed.), Handbook of Personality Psychology: Theory and Research, New York: Guilford Press(1990): 66-100.

Kasser T., Ryan R. M. "Be Careful what You Wish for : Optimal Functioning and the Relative Attainment of Intrinsic and Extrinsic Goals", in P. Schmuck et K. Sheldon (éds), Life Goals and Well-Being, Gottingen, Hogrefe, 2001.

Kohn, Melvin. "Social class and the exercise of parental authority" in Meil Smelser and William Smelser(eds.), Personality and Social Systems. New York: Wiley(1963): 297-313.

Krogfoss. Robert B. (ed.). Manual for the Legal Secretarial Profession, 2nd ed. St. Paul, Minn.: West Publishing Co., 1974.

Laing. R. D. The Politics of the Family and Other Essays. New York: Pantheon, 1971.

Larsen, R. J., & Diener, E. Affect intensity as an individual difference characteristic: A review. Journal of Research in Personality, 21(1987): 1-39.

Larsen, R. J. and Ketelaar, T. Extraversion, neuroticism and susceptibility to positive and negative mood induction procedures. Personality and Individual Differences, 10(1989): 1221-8.

Larsen, R. J. and Ketelaar, T. Personality and susceptibility to positive and negative affective states. Journal of Personality and Social Psychology, 61(1991): 132-40.

Lasch, Christopher. The Culture of Narcissism. New York: Norton, 1978.

Lazarus, R. S. Psychological stress and coping process. New York: McGraw-Hill, 1966.

Lazarus, R. S. The stress and coping paradigm. In C. E. Eisdorfer, D. Cohen, A. Kleinman, & P. Maxim (Eds.), Models for clinical psychopathogy (pp. 177-214). New York: S. P. Medical & Scientific Books, 1981.

Lazarus, R. S. Thoughts on the relations between emotional and cognition. American Psychologist, 37(1982): 1019-24.

Lazarus, R. S. Emotion and adaptation York: Oxford University Press, 1991.

Lepper, M., Greene, D., & Nesbitt, R. Undermining children's intrinsic interest with extrinsic rewards: A test of the "overjustification" hypothesis. Journal of Personality and Social Psychology, 28(1973): 129-37.

Lifton, Robert. Boundaries. Psychological Man in Revolution. New York: Random House, 1970.

Linley, P. A., & Joseph, S. Positive change following trauma and adversity: A review. Journal of Traumatic Stress, 17(2004): 11-21.

Marra, T. Dialectical Behavior Therapy in Private Practice. New Harbinger Publications, 2005.

Maslach, Christina and Susan E. Jackson. "Lawyer burnout." Barrister 5(1978): 52-4.

Maslach, Christina and Susan E. Jackson. "Burned-out cops and their families." Psychology Today 12(1979): 59-62.

Maslach, Christina. "Job burnout: how people cope." Public Welfare Spring 36(1978a): 56-8.

Maslach, Christina. "The client role in staff burn-out." Journal of Social Issues 34(1978b): 111-24.

Maslow, A. H. Motivation and Personality. New York: Harper and Row, 1954.

Maslow, A. H. Toward a psychology of being. New York: John Wiley & Sons, 1968.

Maslow, A. H. Religion, values and peak experiences. New York: Viking, 1970.

Masten, A. Ordinary magic: Resilien processes in development. America Psychologist, 56(2001): 227-38.

Mills, C. Wright. White Collar. New York: Oxford University Press, 1956.

Monfries, M. M., & Kafer, N. F. Private self-consciousness and fear of negative evaluation. The Journal of Psychology, 128(1994): 447-54.

Nettle, Daniel. Personality: What Makes You the Way You Are, Oxford University Press, 2007.

Nolen-Hoeksema, S. Response to depression and their effects on the duration of depressive episodes. Journal of Abnormal Psychology, 100(1991): 569-82.

Parasons, Talcott. The Social System. Glencoe, Ill.: Free Press, 1951.

Parkinson, B., Totterdell, P., Briner, R. B., & Reynolds, S. Changing moods : The psychology of mood and mood regulation. London: Longman, 1996.

Parsons, Talcott, Robert Bales, and Edward Shils. Working Papers in the Theory of Action Glencoe. Ill.: Free Press, 1953.

Pennebaker, J. W., & Traue, H. C. Inhibition and psychosomatic processes. In J. W. Pennebaker & H. C. Traue(Eds.), Emotion, inhibition and health(pp. 146 – 63). Gottingen, Germany: Hogrefe & Huber, 1993.

Perls, Frederick, Ralph Hefferline, and Paul Goodman. Gestalt Therapy. New York: Julian Press, 1951.

Seligman, M. E. P. Positive psychology: positive prevention, and positive therapy. In C. R. Snyder, & S. J. Lopez (Eds.), Handbook of positive psychology (pp. 3-9). London: Oxford University Press, 2002a.

Seligman, M. E. P., Rashid, T., & Parks, A. C. Positive psychotherapy. American Psychologist, 11(2006): 774-88.

Sennett, Richard, and Jonathan Cobb. Hidden Injuries of Class. New

York: Vintage, 1973.

Smith, Lynn Griffith. "Co-marital relations: an exploratory study of consensual adultery."Ph. D. diss., Psychology department, University of California, Berkeley, 1973.

Stanislavski, Constatin. An Actor Prepares. Tr. Elizabeth Reynolds Hapgood. New York: Theatre Arts Books, 1965.

Swinkels, A., & Guilliano, T. A. The measurement and conceptualization of mood awareness: Attention directed toward one's mood states. Personality and Social Psychology Bulletin, 21(1995): 934-49.

Taylor, G. J., Bagby, R. M., & Parker, J. D. A. Disorders of affect regulation: Alexithymia in medical and psychiatric illness. Journal of Psychosomatic Research, 48(2000): 603-4.

Terkel, Studs. Working. New York: Avon, 1972.

Turner, Ralph. "The real self: from institution to impulse." American Journal of Sociology 81(1976): 989-1016.

Walden, T. A., & Smith, M. C. Emotion regulation. Motivation and Emotion, 21(1)(1997): 7-25.

Westen, D. Toward an integrative model of affect regulation: Applications to social-psychological research. Journal of Personality, 62(1994): 641-67.

Whittle, S., Allen, N. B., Lubman, D. I., and Yücel, M. The neurobiological basis of temperament: Towards a better understanding of psychopathology. Neuroscience and Biobehavioral Reviews, 30(2006): 511-25.

Winnicott, D. W. The Maturational Processes and the Facilitating Environment. New York: International Universities Press, 1965.

Yalom, I. D. Existential Psychotherapy. New York: Basic Books, 1980.

Young, J. E., Klosko, J. S., & Weishaar, M. E. Schema therapy :A practitioner's guide. New York: The Guilford Press, 2003.

"이제 아름다움을 살펴보는 눈을 키운다"

김정운(문화심리학자), 유현준(건축가)이 추천하는
내 삶에 미적 감각을 더하는 새로운 교양 수업

심미안 수업

어떻게 가치 있는 것을 알아보는가

친절한 아트 워커 윤광준과 함께
예술을 통해 나를 긍정하는 경험

"마음속에 다른 사람이 살고 있는 게 아닐까?"

정신과 의사들을 정신분석 하는 마음의 명의와 함께
내 무의식을 찾아가는 여행

프로이트의 의자

숙겨진 나와 마주하는 정신분석 이야기

10년 동안 독자들이 한결같이 사랑한 대한민국 대표 심리서
비밀독서단 '자존감을 높여주는 책' 선정,
네이버 독자 리뷰 400여 건, 각종 기관 추천도서!

"이게 자존감일 줄 알았습니다"

내 삶의 중심에서 '나만의 시그니처'를 만드는 여섯 가지 레슨

나를 아프게 하지 않는다

나를 지켜주는 진짜 자존감
상처만 주는 가짜 자존감

전미경 지음 | 268쪽 | 14,800원

자존감이 너무나 중요한 시대,
상처만 주는 가짜 자존감이 아닌,
어떤 상황에서도 나를 지키는 진짜 자존감을 가지려면 어떻게 해야 할까?

솔직하게, 상처 주지 않게

초판 1쇄 발행 2020년 11월 1일
초판 6쇄 발행 2022년 7월 15일

지은이 | 전미경
펴낸이 | 김보경

편집 | 김지혜
디자인&본문 그림 | 풀밭의 여치
마케팅 | 권순민

펴낸곳 | 지와인
출판신고 | 2018년 10월 11일 제2018-000280호
주소 | (04015) 서울특별시 마포구 포은로 81-1, 201호
전화 | 02)6408-9979 팩스 | 02)6488-9992 이메일 | books@jiwain.co.kr

ⓒ 전미경, 2020

ISBN 979-11-969696-6-0 (03180)